ェジュ】

100の神話で身につく 一般教養

エリック・コバスト著
小倉孝誠／岩下綾訳

Que sais-je?

白水社

Éric Cobast
Les 100 mythes de la culture générale
(Collection QUE SAIS-JE? N°3880)

目次

項目一覧（アイウエオ順）

ア行

カ行

序

「こんにちにおいて、神話《ミット》とは何か。すぐにとても単純な第一の答えを出そう。それは語源と完全に一致する。つまり、神話とは言葉である。[1]」

（1）参考文献【1】。

神話と言って思い出されるこれらの言葉は、一九五七年に上梓された『神話』の第二部（理論の部）の幕を開けるものだ。ロラン・バルトはそこで、神話の語源であり「言葉」を意味する「ミュトス」を、「真理」とも訳される「ロゴス」（「言葉」も意味する）との競合関係の中で想起させる。それ以来、「神話」という語は、偽りの歪曲された言葉、さらには嘘の言葉という意味を持つようになった。いずれにせよ神話は、魅惑的な言葉や詩人の言葉であり、もっとひどい場合は詭弁家の言葉であった。実際に、神話の言説は虚構の言説だが、一般的な意味での虚偽ではない。神話は真理を所持しながら、それを間接的に表現するのだが、その方法は多くの場合、類似や隠喩に基づく二次的な記号体系の様式にしたがう、とバルトは言う。つまり、解釈を必要とする言葉なのである。では、読むたびに意味が変化するような神話を、いつ、そしてなぜ使用するのか？

ロゴスが哲学者や歴史家に必要なものだとしたら、ミュトスは芸術家や弁論家、聖職者、政治家といった、理性に訴える必要や意義や余暇がないものすべてに必要となるだろう。したがって神話は、想像力に訴えて感性に働きかけることによって、直接的で、効率がよくなり、そして分かりやすくなる。神話が呼び起こす印象は深くて強い。神話は、あるメッセージを理解させる前に、あるいは理解させる代わりに、感じさせるのである。その点、理性は時間と注意力と教養、さらには方法論を必要とするが、神話は何も要求しない。したがって、普遍的だと考えられるものを伝達するには神話は不可欠なのだが、煽動家の手に渡ると恐るべき武器にもなる。神話は両義性を持つのである。

図像を用いると、神話がもたらす表現が「目に見えるように明らか」になる。それゆえ、神話は現実を単純化すると同時に、現実の表現を「自然なものにする」のである。神話はこのように、観念的な役割を引き受けて、必要であり不変の、不可侵であり完璧な「自然」という幻想をしばしば与えるのであり、そこにおいて歴史が、複雑で、流動的で、取り消しのきかない現実を作り上げたのである。実際は、神話は劇的な要素を排除し、実存から悲劇的なものを取り去って、われわれの不確かな生に確かさを加え、歳月は巡ると信じさせることで安心感をもたらす。それゆえ神話は、自然に最も近いものからきわめて理性的なものまで、あらゆる文化の中にはびこっており、われわれと物事との関係を神聖化するのである。

ミルチャ・エリアーデが探求したのは、こうした人類学的・民族学的な範疇である。「現実のものであり聖なるものとして、神話は模範となり、結果として反復されうるものとなる。というのも、神話はあらゆる人類の行為に対する手本として、また同時に弁明として役立つからだ。言い換えれば、神話は、「時」が始まると同時に起こり、そして人類の行動の手本となるひとつの真実の物語なのである。[1]」

(1) 参考文献【2】。

神話はまず何よりも創始するものであり、聖なる起源を、あるいは根源的であるがゆえに比喩に富んだ言葉の一形態を思わせる。実際に神話は、ギリシャ語〔アルケー〕の二つの意味でアルカイックなのだ。つまり、神話は始める、そして神話は指揮するのである。神話の力は、始まりであるということの威光によって培われる。

したがって――こうして、実体が知れないながらもたしかに現実に存在する「一般教養」の構成要素を探して、われわれが本から本へと続けていく作業の一環として――これらの神話に注目する必要があると思われる。神話は、社会におけるわれわれの知性を構成しており、そのどれもが暗黙のうちにせよ明示的にせよ、われわれの文化生活のなかでたえず思い起こされるものなのである。「神話」という語の意味はさまざまあり、言説が非常に特殊で、その様態は流動的であるということが後に分かるだろう。それゆえに、本書を五つの「項目」に沿って構成することが不可欠であるように思われた。すなわち、昔の神話物語については「伝説」、哲学的志向のある教訓話には「寓話」、人間の類型を明らかにしたり隠したりする、文学が作り上げた仮面については「作中人物」、イデオロギーの転用や意図的な歪曲に関しては「うわさ」、最後に、始原となる物語には「崇拝」、という項目である。かぎられた数の要素しか取り上げられないこの種の演習ではつねにそうであるように、網羅的ではなく、選択を行なわざるをえなかったものの、しかしながら――さまざまな昔の神話、こんにちの神話、あちこちの神話など――可能なかぎり変化に富むことを重視した。

第一章　伝説

伝説 légende とは、「読まなければいけないもの」という意味である。つまり、この義務感は、「伝説」という言葉の語源に支えられている。『イリアス』や『聖書』や、さらには『神統記』によってはるかな昔から受け継がれてきたこうした物語こそを、なぜ読まなければならないのか。神々や英雄たちが登場する物語には、奇妙であると同時に親しみのわく冒険譚が、こんにちの状況から適切な距離をおいて描かれており、それによってわれわれは自分たちのことをよりよく理解できるのだ。

1　アキレウス

ミュルミドン人の王ペレウスとネレイデス〔海神ネレウスの娘たち〕の一人であるテティス〔ゼウスが結婚を企んだほど美しかった〕の息子アキレウス——文字通りの意味では「集まった戦士たちを苦しめる者」——は、それだけで英雄的精神を体現している。その上、トロイアの前で彼が死んだことは、華々しさや偉大さや名声の探求が唯一の行動となるような世界の終わりを告げている。ケンタウロスのケイロンに育てられ、競争と武器の取り扱い方を教わった「駿足の」アキレウスは、ひっそりと長く生き続けるよりも、短いが栄光に満ちた人生を選んだ。彼をトロイア戦争から遠ざけたいと願った母の指図で、アキレウスはリュコメデスの宮廷にいる女たちの中に隠れ、王の娘であるデイダメイアを誘惑してネオプトレモス〔別名ピュロス〕という息子をもうける。アキレウスがオデュッセウスに発見され、アガメムノンの軍隊に合流することになった際、ネオプトレモスはアキレウスとともに戦った。

アキレウスはトロイアを前にして名を挙げる。ホメロスは彼の武勇を讃えると同時に、「神々に似た」人間の怒りを描く。そもそも『イリアス』では、冒頭からまさしく「アキレウスの怒り」が歌われるのだ。そして、この怒りは二度も現われる。一度目は、アキレウスが取り返した戦利品――この場合はブリセイス〔アキレウスの愛妾〕――をアガメムノンに譲らねばならなかったときで、そのせいで戦闘から撤退することになり、アカイア人に囲まれて多くの損害を招いた。ヘクトルに率いられたトロイア人たちが優位に立つ。二度目の怒りはさらに凄まじく、親友のパトロクレスの死を知ったときに、激しい怒りが彼を襲った。アキレウスの怒りは荒れ狂い、ヘクトルの亡がらを要求しにきたプリアモス〔最後のトロイア王〕の情動をすべてもってして、やっとのことでペレウスの息子はおさまった。

これらの出来事すべてが思い起こさせるのは、偉大な英雄物語――古代世界の叙事詩――は、くどくどしい戦士の武勲だけではないということだ。情動が関係しており、それは詩の原動力でさえある。アキレウスの怒り、ヘクトルのアンドロマケへの愛、プリアモスの父親としての優しさ、パトロクレスの友情が、英雄たちの偉業に輝きを与えるのである。これらの英雄たちは神々と人間たちの中間にあり、自分と重ねられるほどわれわれに近しく、また驚異的だと思われるだけ遠い存在なのである。

2　アマゾネス

アマゾネスは、現在のカフカス山脈に住んでいた伝説の女性戦士の民族である。彼女たちはそこにテミスキュラという町を築いた。アマゾネスは女王に統治されており、種を保存するための一年に一度の機会を除いて、自分たちの中に男性の存在を認めないため、すべての男の新生児を殺す。彼女たちは弓矢の腕で名高い騎士で、略奪や横領を生業としていた。

多くの英雄が強靭なアマゾネスと戦った。その最初がヘラクレスで、彼は女王ヒッポリュテから魔法の帯を奪う命を受けて、女性戦士たちの猛威に立ち向かい、戦いの最中にヒッポリュテを殺した。テセウスの治世下には、女王アンティオペを連れ去られたことに反発し、アマゾネスはアッティカに侵入した。

アマゾネスは狩猟と激しい訓練を好み、複数の乳房を持ったエフェソスの女神アルテミスを崇拝する。彼女たちの生活様式は、男性的な規律を敵としていたが、そもそもとくに狩猟を発展させるなどしてそれを真似したものなのである。熊に育てられ、結婚と男たちを嫌い、反乱する女のもうひとつの像として名高いアタランテと同様に、アマゾネスも獰猛だったとはいえ、毎度負け戦をしていたことには変わりはない。これらの伝説は、野蛮であるのが当然とされていた女性への恐怖の表現として、女嫌いの男性の力で作られたものである。

こんにち、「アマゾン」は「婦人騎手」〔転じて馬に横乗りすることも意味する〕のことである。この言葉は、もはや現在では行なわれなくなった騎行法に関して、過去の文脈においてしか用いられない。現在は横向きに鞍に座る必要がないのだ。なぜなら女性はズボンをはき、男のように、つまり神話のアマゾネスがやっていたものとまったく同じ方法で馬に乗るからである。

キーワード∧女性らしさ、不誠実∨

3　アンティゴネ

オイディプスの娘であるアンティゴネは、伝統を、より正確に言うと家系と継承の遵守を体現する。保守主義の殉教者をあらわす人物像であり、彼女は命をかけて、叔父であるクレオンの禁止に逆らった。実際に、彼女がやさしい娘としてアテネ近辺のコロノスまで導いたオイディプスが死んだ後、アンティゴネはテーバイに戻ると、彼女の弟たちであるエテオクレスとポリュネイケスが権力を巡って容赦ない戦争を始めたことを知る。彼らは殺し合った。虐殺の責任は、軍隊を自分の都市に向かわせたポリュネイケスにあり、ここではエテオクレスは合法の権力を象徴する。クレオンがテーバイの新王となり、謀反者の葬儀を行なわないと決める。アンティゴネは、クレオンの息子であるハイモンと婚約していたが、「神の不文律」の名の下に王の決定に逆らった。彼女はその罪で生き埋めにされることになる。それを知ったハイモンは、アンティゴネの亡骸に折り重なるように自害する。

このようにアンティゴネは、人間による政治や法が定めた秩序よりも古い制度への忠誠を体現する。

本来、人間には葬儀を受ける権利があり、状況がどうあれ、それを変えられるのは王侯による決定ではない。オイディプスの娘とクレオンの対立には、われわれがこんにち実定法と名づけているものを再検討するという態度が示されている。言い換えれば、正当性にたいして合法性がみずからを釈明するということである。しかし、とりわけアンティゴネの人物像を、決意と確信という概念に結びつけることができるだろう。彼女は、自分の権利を確信し、屈服しない意思を体現する。当然ながら、アンティゴネの姿勢には頑《かたくな》に妥協しない性質がある。すなわち、彼女は降伏せず、譲歩もしない。彼女に比べると政治権力は影響を受けやすく、クレオンは結局自分の姪に恩赦を与え、刑の執行を保留するよう命じるのである。しかしすでに時遅く、アンティゴネは亡き者となる。こうしてテーバイの王は完全な挫折をあじわうのだ。

キーワード〈法、貞節、伝統〉

4　アフロディテ

ヘシオドスは『神統記』の中で、アフロディテ（ウェヌス）の誕生のいきさつを伝えている。ウラノスが息子クロノスによって男根を切断された際に生じた泡から、美と快楽と愛の女神アフロディテが生まれ、水面から突如現われた。アフロディテは法螺貝に抱かれて、キュテラ島、そしてキプロスへと接岸する。火山の神でゼウスの弟〔息子とされることが多い〕である、たいそう醜いオリンポスの神ヘパイストスと結婚するが、平気で夫を裏切って、軍神アレスの愛人になる。そのアレスとのあいだに、アフロディテはハルモニアとエロスという子をもうけた。しかし、この不貞はヘリオスによって暴かれ、これにたいしアフロディテは、ヘリオスの末裔であるパシファエ、アリアドネ、パイドラを呪うことで復讐する。「これこそは餌食に食らいついて放さないウェヌスそのもの。」〔ラシーヌ『フェードル』第一幕、第三場の一節〕というほどに。

女神はそれだけに留まらず、数々の愛人を持ったと考えられている。トロイアのアンキセスもその一人で、アフロディテは彼とのあいだに、華々しい生涯を運命づけられたアイネイアスという息子をもうけた。また、アフロディテはトロイア戦争の発端にもなる。ペレウスの婚礼の際、エリスによって投げられた黄金のリンゴ――「最も美しい者へ」と刻まれた不和のリンゴ――の受け取り手として、パリスに選ばれ、アフロディテはその報酬として、若いトロイアの王子パリスにヘレネを与える。

この寓意をどのように読むべきか。まず、美は愛なくして続かないということを思い起こそう。アフロディテが美と愛のいずれをも擁護するというのは、美はすべてにおいて愛の恩恵を受けており、愛はそれと引き換えに美から滋養を得ているということなのだ。しかし、この神話がみずからの存在意義を見出すのは、おそらく生まれて以来ずっとこの女神をとりまく荒々しい動揺の中なのである。クロノスと同時代の第一世代の神であり、「黄金期」とも呼ばれるクロノスの統治期に生まれたアフロディテは、男根切断のためだけに存在する――去勢の美女――のか。浮気者であり真のトラブルメーカーとして、彼女は自分が振りまく快楽や、惜しみなく与える関心に、いつも多くの代償を払うのである。

キーワード〈愛、美、不和〉

5 アルテミス

月と狩猟に結びつけられる射手の女神アルテミスは、オリンポスで最も憂慮すべき人物の一人に数えられる。実際に、理想的で輝かしい文明を体現する彼女の兄アポロンとは、すべてにおいて正反対である。アルテミス＝ディアナは、野獣を狩ると同時に保護し、その野獣を伴って自然の中で生きる。彼女は獰猛であり残酷で、生娘でありつつましくもある。彼女は、アガメムノンにたいして躊躇なく娘のイピゲネイアを生け贄として要求し、また裸で沐浴しているときに彼女を不意打ちしたアクテオンを鹿に変えて、自分の犬たちに獲物として追わせる。古代人にとって彼女は、野性的な残忍さを持った、理解不能で反抗的な女性的特質の、神秘的で恐るべき部分を表現している。

キーワード〈女性、自然と文化、野蛮性〉

6 アテナ

「私は生みの母をもたなかった。」アテナは最初の悲劇作家アイスキュロスの下〔『慈しみの女神たち』〕で明言する。実際に、ゼウスは理性と賢明の女神メティス〔アテナの母〕を懐妊させたとき、男の子が生まれたらその子によって玉座を追われる可能性があると知る。ゼウスにとって、この種の話の急展開はむしろおなじみだった——というのも彼自身、自分の父クロノスの王位を略奪しており、クロノスもまた父であるオケアノス（ウラノス）を失脚させていたからだが——、オリンポスの主であるゼウスは、いささかの危険も冒したくないと思い、まさしくクロノスが子供たちを呑み込んだように、メティスを呑み込む。数時間後、ゼウスはおそろしい頭痛に襲われたため、苦痛を和らげるために、ヘパイストスに頼んで頭を割らせる。その傷口から、戦争と叡智と職人と芸術家と教師の女神アテナが生まれた（ちなみに、このことからなぜ彼女が、父オデュッセウスを探しに出たテレマコスに同伴するメントールという教育者の姿をしているかが分かる）。

アテナの属性は、防御の武器である兜、長い槍、盾——アイギスと呼ばれる——であるが、この盾はゼウスの乳母となったヤギの皮とメデューサの頭でできている。アテナはみずからがオリーヴの木をもたらしたアテナイの町を守り、またオレストを裁くために設置された最初の法廷であるアレオパゴス会議を取り仕切る。これらの属性の最後にフクロウがある。この夜行性の鳥は、叡智は日が暮れてからしか訪れない、ということを思い起こさせる。「ミネルウァのフクロウは、黄昏時が来てからしか飛翔しない」[1]と書いたヘーゲルは、人びとのあいだの出来事と行動の意味は、事後になってからしか現われないということを示した。

（1）参考文献【3】。

キーワード＜都市、叡智、後見＞

7　バベル（の塔）

『創世記』第一一章、一〜九節に、バベルの塔に起きたことが伝えられているが、この塔は新たな洪水〔ノアの洪水後のもの〕から人間を守るために、ニムロデがバビロンに築こうと決めたものである。はるか大昔のこの時代には、「世界中でひとつの言語、共通の言葉が使われていた」。人びとは、すべてを理解し合い、この統一性に支えられていたため、創造主に挑戦しうる並外れた作品を完成させようと企てていた。ところが創造主が、言葉を極めて多様化させることで混乱を広めたため、それ以降、人びとは理解し合うことができなくなり、職工たちは作品を作り終えることができなかった。

このバベルの塔の教訓話が示唆するのは、人間がひとつになったときの全能性と、人類をそれだけで統合することができる共通言語の全能性である。近代初期の知識人たちは、数学をバベル以降失われたこの言語だと考えたようであり、それ以来、人びとは神の言語を解し、そこに天地創造を読み取ることができる。「自然という書物は、数学の言語で書かれている(1)」。

（1）参考文献【4】。

キーワード〈言語、数学、傲慢〉

8　トロイの木馬

裏切りは、感嘆に値しない行為だとしても、どのようにして何千年も前から感嘆されてきた行為になりうるのか。トロイの木馬は、アカイア人たちの持つ巧妙さの揺るぎない象徴であり、現代人の予兆となるかのような「策謀家」オデュッセウスの真の功績である。英雄的精神そのものと引換えに、何が何でも決着をつけたいという欲望も、このような卑劣な行為に関わったことの無いアキレウスの死も、それ以降、戦争に栄光や不朽の名声を期待するのは無駄だという新たな感情も、裏切りという手段を正当化するものではない。敵を欺き、城壁と守備の背後に滑り込んで、敵が酩酊し眠っていることに乗じて、防御もできないうちに敵を虐殺する。

しかしながら、この教訓には政治的な価値があり、それは「潜入工作」という名を持つ。『国家と革命』の中でレーニンによって理論化されたこの教訓にしたがって、一九六〇年代の一部の優秀な学生は、トロツキスト集団の利益のためにフランス国立行政学校に入学した。国家機構の内部に入り込んで、革命の日となる「偉大な夕べ」が到来したら、それを指揮し、ブルジョワたちの攻撃に差し向けるためだった。

キーワード〈術策、裏切り〉

9 ディオニュソス

われわれの表現活動において、あまりに単純化されてブドウやワインに結びつけられすぎていたディオニュソスの人物像は、注意深く扱われるに値する。そうすると、複雑で、陰鬱で、創造性の高い神性が見出され、それが芸術家に不可欠な内的葛藤をかき立てる。「きらめく星を生み出すためには、自分の内に混沌がなければいけない(1)」とニーチェは書いたが、その際、この必要不可欠な混沌を維持するという点において、ディオニュソスのことをはっきりと想定しており、後にアルトー〔フランスの詩人・演劇人、一八九六〜一九四八年〕は、この不可欠な混沌を、創作行為において明らかになるこの「黒い自由」に従属させている。

（1）参考文献【5】。

したがって、ディオニュソスは、ギリシャ神話で最も重要で、最も奇妙な神々のうちの一人となる。ゼウスと、テーバイの創建者カドモスの娘であるセメレとのあいだにできた息子ディオニュソスは、驚くべき状況の中で生まれた。セメレは、ヘラにそそのかされて、神々しい姿のゼウスに会うことを望むが、そのような光景を見ると死んでしまうということを忘れていた。神の燦然たる輝きによって彼女は焼き尽くされてしまい、ゼウスはわずかな時間で彼女の母胎から小さなディオニュソスを取り上げ、生まれることのできる時期が来るまで、彼を三か月のあいだ腿の中に隠した。小さな女の子の姿にされ、アタマスとイノに託された若い神ディオニュソスは、今度はアテナの復讐に遭う。彼の養父母は狂気に陥ってしまい、ディオニュソスは子ヤギに変身して逃げなければならなかった。しかし、彼自身、大人になって狂気から免れられることはなく、世界を彷徨って、それぞれの土地にブドウ栽培をもたらした。このようにして、エジプト、シリア、フリギアにディオニュソスの姿を見ることができ、それらの土地では、自然の野性的な植物性の力をもつ女神キュベレが、彼に再生の奥義の手ほどきをする。

ディオニュソスは理性を取り戻し、インドを回った後にボイオティア地方に戻って、彼とその母および祖父カドモスの出生の町であるテーバイにたいして、自分への崇拝を課そうとした。君主であるペンテウスがそれに反対したが、ディオニュソスは錯乱したペンテウスの母アガウエをけしかけて、息子を八つ裂きにさせた。ディオニュソスは、人間が服従することを拒むたびに、いつも狂気を引き起こさせる。ディオニュソスはナクソスにおいて、テセウスがファイドラと引きかえに置き去りにしたアリアドネをついに手に入れ、彼女と結婚した。

この伝説が伝えるものは、自然の漠とした力をもつこの神が体現する危険であり、ギリシャにおいて自然に対する崇拝は、都市の中では決して公のものとしては認められなかったのである。自然を讃えるためには、森に行くか、年に二回行なわれる自然を賛美する祭を待たなければならず、その祭のあいだに、人びとは悲劇という特別な見世物を自然に捧げたのである。

キーワード〈芸術、酩酊〉

10 冥府

ハデスとその妻ペルセポネが支配する冥府に入ってくるのは、死者の魂と、まれに、三つの顔を持った犬ケルベロスの監視と力を逃れた何人かの英雄たちだけで、その英雄にはヘラクレス、オルペウス、オデュッセウス、アイネイアスなどがいる。

死後に魂が三人の判官——ミノス、アイアコス、ラダマントゥス——の前に出頭するとき、魂は、生まれ変わる前に滞在する幸福な地エリュシオンの園に行くか、あるいはこの闇の王国のより深いところにあるタルタロスで、自分の罰を全うし、永遠に過ちを償わねばならないか（シシュポス、タンタロス、ダナイデス、イクシオンなどがその例である）を知る。魂は、ステュクス川という憎しみの大河を渡り、カロンという渡し守の舟に乗ってアケロン川という苦しみの大河を渡る。

「冥府」は「地獄」――天国の対語――とは異なり、不可避のもので、つまりすべての魂がそこに行くのである。

キーワード∧審判、死∨

11　聖杯

聖杯《グラール》という言葉は、おそらくラテン語で縁の広いくぼんだ容器（クラテラ）を意味する。物はというと、われわれの西欧の文化では、最後の晩餐のときにキリストが使った杯ということになる。十三世紀から、聖杯はカリス〔聖餐の際に用いる杯〕と混同されている。ローマ兵ロンギヌスがイエスに与えた傷口から、アリマタヤのヨセフがこの「杯」の中に血を受け取ったようだ、というのがニコデモによる福音書が伝えるものである。

ヨセフは、その杯を持ってイギリスに逃げ、グラストンベリーに隠したのだが、そこがカンブラン河畔の戦いの後にアーサー王が死んだ神秘的な島アヴァロンの地だとされる。もっとも、その貴重な杯を探したのは、円卓の騎士たちだけではなかった。一九四〇年にヒムラーが、同じ目的でモンセギュールの城塞をくまなく掘り起こさせた。こんにち、聖杯問題はまだまだ探求し尽くされていない。

なぜなら、一九八〇年にマイケル・ベイジェント、リチャード・リー、ヘンリー・リンカーンが『聖なる血と聖なる杯』〔『レンヌ＝ル＝シャトーの謎――イエスの血脈と聖杯伝説』林和彦訳、柏書房、一九九七年〕を出版して以来、聖杯という言葉は「王家の血」を意味する「サングレアル」という表現の発音が変化したことに由来していて、物ではなく人を示す、とする解釈が広まり、数々の小説家の想像力を養った。その小説家たちのうちの一人が、『ダ・ヴィンチ・コード』の著者、ダン・ブラウンである。

キーワード＜探求、聖なるもの＞

12 ヘラクレス

ヘラクレスは人間であるアルクメネとゼウスの息子で、ゼウスはヘラクレスの受胎の際、アンピトリュオン〔アルクメネの夫〕に扮していた。ヘラクレスは生まれてから死ぬまで、ヘラ〔ゼウスの正妻〕の憤怒を受けなければならなかった。しかし、驚異的な力に恵まれた彼は、相当数の並外れた手柄をたてることに成功し、それらは詳細に語られてとくにギリシャ人たちを魅了した。

そのうちの最初のものが、ヘラが送りつけた蛇をゆりかごで絞め殺したという話だとすると、ヘラクレスが真の意味で伝説となったのは、十八歳でテスピオス王の娘たち五〇人の愛人になったことである。ヘラクレスは、テーバイの王であるかの有名なクレオンの娘と結婚し、彼女とのあいだにたくさんの子供をもうけるが、後にヘラによって錯乱させられて、その子供たちを虐殺する。彼はいとこであるエウリュステウス王の命令に服従するという罰を受け入れ、そして一二の功業を行なうあいだ、彼の奴隷となる。ネメアの獅子、レルネのヒュドラ、エリュマントスの猪、ケリュネイアの鹿、ステュンパロス湖の鳥、アウゲイアスの家畜小屋、クレタの牡牛、ディオメデスの馬、アマゾネスの女王の帯、ゲリュオンの牛、ケルベロス、そしてヘスペリデスの園の金のリンゴといったエピソードは、いずれもが試煉なのであり、そのおかげでヘラクレスは自分の生来の凶暴さを真の力に変えるのである。

エピソードはそれぞれが論理的に繋がっており、神話に象徴的価値を求める者にとっては興味深い三つの要素が、つねにヘラクレスに結びつけられている。それらは、まずは力、次に服従——ヘラクレスはヘラの奴隷、彼女に弄ばれる者であり、エウリュステウスの下僕だが、さらにオンパロスの下僕でもあって、ヘラクレスは彼の従順な女中だったのだ！——そして最後に欲望である。ヘラクレスはたえず女性に囲まれており、敗北の原因となるのはこの女性たちなのである。ディアネイラと結婚した後、ヘラクレスは彼女がネッソスというケンタウロスによって犯されたことを知る。彼はネッソスを殺すが、ネッソスはその前にディアネイラにたいして少々の血を、夫の欲望をかき立てるための愛の媚薬として差し出していた。ヘラクレスが若いイオレに惚れたとき、ディアネイラはトゥニカ〔トーガなどと組み合わせて着用された衣〕を血に浸して、着替えのために彼に差し出すのだが、そこには毒が含まれていたのである。すると、トゥニカがヘラクレスの体に張り付き、彼の肌を焼き付くす。ヘラクレスはこのような苦痛に耐えるよりも自害することを望んだ。

ギリシャ世界において、ヘラクレスはドーリア文明（伝説によるとヘラクレスの六〇人の息子——ヘラクレダイ——がペロポネソスに侵入し、そこにドーリア人の支配を築いた）に結びつけられ、したがって彼は、粗暴でとても古くて破壊的な起源を反映しているのだが、同時にそこに表されるエネルギーは、魅力的でもある。

キーワード〈欲望、力、暴力〉

13 イカロス

イカロスを神話にするのは、当然ながら墜落である。ブリューゲルは——一五五八年頃、青年が溺れようとしているところを描いたが、われわれには水の表面をジタバタする足しか見えない——、そもそもイカロスの墜落を笑いものにしている〔《墜落のある風景》〕。情景は、人びとの無関心の中、目立たないところで進行する。農夫も羊飼いも、鳥でさえも、自己陶酔の犠牲者である哀れな男に注意を払わない。とすると、これは中世のことわざ——「人が死しても、鋤は休まぬ〔いかなる農夫も人の人生には立ち止まらない〕」——を例証しているのか、それとも、うぬぼれと野心を糾弾するために、慎ましい日常の労働の真摯さを喚起しているのか。

実際に、イカロスの神話は矛盾に満ちており、その矛盾が現代のわれわれの価値観にある両義性を際立たせる。建築家であるダイダロスの息子イカロスは、蠟で体に固定した両翼を使って、父とともにミノタウロスのラビュリントスから逃げる。鳥人間イカロスは、この新たな自由に陶酔するがまま、「ずっと高く上り」たいという欲望に屈する。太陽に近づいても、イカロスは蠟が溶け出すことを忘れており、そして海の中に失墜する。オウィディウスが伝えるこの神話の中で罰が下されるのは、上昇すること――「飛翔」――への希求にたいしてである。そして、われわれの世界は、二重の意味でイカロスに魅了されると思われる。というのも実際に、大失敗《デザストル》（悪い星回りの意味を含む）つまり星《アストル》の墜落ほど世評を刺激するものはないのだ。墜落の話が後に続くかぎりにおいての、上昇の詳細な話である。凋落が、さらにはそれに続く衰退が無ければ、偉大さは世に受け入れられない。そうしたものの例は枚挙に暇がなく、もちろんアダム、オイディプス、カエサル、ナポレオンなどがその筆頭者である。しかし、現在われわれの興味を引くのはもはや英雄たちではなく、われわれの「スター」――奇妙なことにフランスでは「スター」のことを「ピープル」と呼ぶ――である「政治家」や、芸術家や、「実業家」であり、これらの人びとは、彼らの特異性と彼らに共通の「一般人《プープル》」であるという素性とを同時にほのめかす。魅力的であるためには、彼らの人気ははかないものでなければならず、また彼らが誰でもないとしたら、この人気はわれわれの人気でもあるのかもしれないが……。事実はそうではないため、彼らの墜落の光景は避けられないもので、それはわれわれに対する償いとなり、慰め、さらには報酬となるのである。

キーワード〈野望、墜落、欲望〉

14　イシス

ギリシャ語の名前を持つ（エジプト語ではイセト、「玉座」を意味する）このエジプトの女神は、勝ち誇った女性の特質を象徴する。間違いなくイシスはエジプトで最も重要な神である。なぜなら彼女は、すべてのファラオがその血を引いているとされるホルス〔エジプト神話の天空と太陽の神〕の母でもあるからだ。オシリスは、セト〔オシリスの弟〕に嫉妬から殺され、死体を一四の断片にされてナイル川に撒かれたのだが、その妻であるイシスは、死体崇拝と復活に深く結びついている。というのも、彼女は魔法によってオシリスのさまざまな部分を集めて――ナイル川の水中に失われたままの唯一の部分を除くのだが、そのおかげで以来ナイルが「肥沃」となった――、そして蘇らせた。
全能の魔法を使うがゆえに神秘的なイシスは、古代世界を魅了し、かくしてローマ帝国において、非常に重要な崇拝の対象となる。彼女は心を乱す女性、魅力的で恐るべき魔術師、妖婦の最初の表象のひとつを提示している。

キーワード〈女性、死〉

15 イアソン

「癒す人」を意味する名をもつイアソンは、叔父のペリアスに王位を奪われてしまい、返還されるべきその王位を取り戻すためには、コルキスのアイエテス王に繁栄をもたらしている金羊毛を持ち帰らねばならなかった。そのため、イアソンは大帆船――アルゴー、「速い船」を意味する――を建造し、そこにテセウス、ヘラクレス、オルペウス、および多くのホメロス以前の英雄たちが乗り込んだ。というのも、この冒険は――多くの点において実質的な最初の冒険物語となる――古めかしく《アルカイック》、トロイア戦争より以前の世界へとわれわれを連れ戻すのであり、その世界では、英雄たちがカドモスの竜の歯を蒔いたり、オデュッセウスに先立ってセイレーンの島の側を通ったりするのである。イアソンは金羊毛とアイエテスの娘メディアを手にして帰還する。魔法使いのメディアは、英雄イアソンに恋をしており、金羊毛を獲得する際に彼を助け、またペリアスを殺すときにも手助けし続けた。長期にわたってコリントスへ亡命したイアソンは、ついにテッサリアのイオルコス王国を治めることになる。

キーワード〈冒険、征服〉

16 ラビュリントス

ラビュリントスの建設は、エジプトに起源をもつ。これは、地下の岩窟に作られた建造物で、一般的に偉大な人物の墓に使用されていた。ラビュリントス——沼地の宮殿というエジプト語をギリシャ語に逐語訳したもの——は、複雑な通路と、出口のない道と、いくつもの交差地点とを合わせたものとして考案された。この風習はクレタ島に及んだようであり、伝説によると、ミノス王の命令により建築家のダイダロスが、牛頭人身の怪物を隠すためにそこに有名なラビュリントスを造ったとされているのだが、こちらは屋外だった。ダイダロスは、カタツムリの殻の渦巻きを観察して、ラビュリントスの設計図を考案した。ミノス王の妻パシファエと大きな白い雄牛とが交わって生まれた怪物ミノタウロスを殺した後に、ミノス王の長女アリアドネに付き添われて、生きたままこのラビュリントスから脱出することができたのはテセウスのみである——ダイダロスと息子のイカロスが空路から逃げたことが例外だが——。

ラビュリントスが人間の魂の複雑さを表現するとしたら、そこに隠れるミノタウロスは、各々に宿る名づけようのない欲動を表わしており、人びとはその欲動に抵抗する。アリアドネの糸なくしては、われわれの内に住む怪物から逃れることはできないのだ……。ニーチェはこのことについて次のように書いている。「迷宮のように複雑な人間が探し求めるのは、アリアドネの糸ではなく、アリアドネその人なのである[1]」。

（1）前出参考文献【5】。

キーワード＜無意識、怪物＞

17 リリス

『創世記』（第一章、二七節）の翻訳はあいまいである。「神は自分のかたちに人を創造された。すなわち、神のかたちに創造し、男と女とに創造された。」

この文章の後に、アダムという「創造者」がエバという「生者」を創ったとするよく知られた文章が続くのだが、これをどのように理解すればよいのだろうか。アダムは、女の分身が同じ粘土で創られたのと同時に創られたのか。聖書の本文は何も語らない。しかし、その沈黙の中にさまざまな解釈が忍び込み、その中でもバビロニア・タルムード〔ユダヤ教の口伝律法を集めた文書、他にエルサレム・タルムードがある〕の解釈によって、ヘブライ人の文化におけるギルガメシュ叙事詩のリルラケの存在が広まる。このようにして、リリスという人物像は、カバラ的な解釈から別のものへ、数世紀を経て少しずつ形成されて行くのだが、その名前はシュメール語で「夜の女性的存在」や「悪魔」を意味する。リリスはアダムの支配にたいして反抗的で、男と同等のものとして創られているために、男の「下に」位置する――あらゆる意味において――ことを許容せず、反逆を始める。つまり、悪と「契りを結ぶ」のである。失楽園の原因となる蛇になったり、カインに弟アベルを殺すようけしかけたりしたのはリリスだ。要するに、リリスは最初の「ファム・ファタル」〔男を破滅させる妖婦、宿命の女〕なのである。女性とは、「育ちが悪い者／悪い性《ル・モヴェ・ジャンル》」なのだ。

キーワード〈女性、悪〉

18 ルクレティア

ルクレティアという題材は、音楽と、絵画と、演劇と、詩のあいだを駆け巡る。ルクレティアの自殺が父と夫の眼前で行なわれたことは、ローマ史の中では多少とも伝説的なエピソードのひとつで、確かにティトゥス・リウィウスによって伝えられている。しかしその歴史的根拠はというと、ローマ人によるサビニ女性の略奪〔ローマ初期の男たちが、近くに住んでいたサビニ人女性を妻にしようと略奪したという伝説〕や、ホラティウス三兄弟のクリアトゥス三兄弟との戦い〔ローマとアルバ・ロンガの対立において、決着をつけるために双方の勇士のあいだで行なわれた決闘〕を支える歴史的根拠と同じくらい信憑性が低い。ところで、タルクィニウス・スペルブス王〔王政ローマ最後の王〕の息子セクストゥス・タルクィニウスが犯したこの美しいローマ女性ルクレティアの死が、われわれの想像力に強烈な印象を与えるとしたら、それは、容認しがたい権力濫用の被害者である女性の絶望の行為——夫婦間の貞操の表現を超えて、ルクレティアはもはや自分は夫にたいして生きる価値がないと判断した——が、本当の政治的革命を引き起こしたということである。この事件現場に居合わせたルキウス・ユニウス・ブルトゥスは、王政を転覆させ、紀元前五〇九年に共和制を布告して、その初代執政官となる。

したがってルクレティアの強姦は、堪え難い政治権力が一般市民の私生活へ侵入することを象徴している。統治するとは、必ずしも支配することではなく、政治と家庭の混同はほかならぬ専制主義の印なのである——そしてその混同は、ルクレティアの強姦によって、おぞましいほどに極端な形で表現されているが、これは「友愛関係」や「庇護を装った干渉」といった種の隠喩を通して、より目立たないように表出する——。

キーワード〈権力、専制政治、美徳〉

19 ミダス

プリュギアの王ミダスは、シレノス〔ディオニュソスの養父の半獣神〕を救った報酬として、ディオニュソスから、好きな願いを聞き入れるという約束を取りつける。ミダスは奢侈好きな性格であるため、触れるものをすべて金に変える力を要求した。これは、思慮のない発言だった。ミダスは、もはや口に運ぶ物すべてを貴金属に変えてしまう。そのため、彼はディオニュソスに、この能力を取り除いてくれるよう懇願した。ディオニュソスは彼に、国を貫いて流れるパクトロスの大河の水で手を洗うように命じ、それ以来、その水には金が多く含まれている。

この神話には大きな意義があり——富の誘惑と性急さを断罪するような道徳としてではなく——、それは詩人たち、とりわけランボー〔一八五四～九一年〕が用いた、予想通りの錬金術師という人物像に、ミダスという意外な人物像を重ね合わせた方法としての意義だ。この詩人は、泥のような存在を金に変えることができると同時に、運命的な孤独を強いられていたのである。「泣きながら私は金を見ていた——飲めなかったが——」〔アルチュール・ランボー『地獄の季節』〕。

キーワード〈渇望、性急さ、孤独〉

20 オリンポス山

オリンポス山は、ギリシャで最も高い海抜二九一七メートルの山である。北部のマケドニアとテッサリア地方の境界に位置するこの山は、ほとんどの政治的および文化的発展の中心地から隔たっている。したがって、靄の層が完全に山の上部を隠しているだけに——「頂上の周辺に雲が巻き付いている山」を意味する山の名前はこの点に由来する——よりいっそう、そこに神々の住居を思い描くのにふさわしい。事実、神々がゼウスを囲んでネクタルを飲み、アンブロシアという不老不死を与える神の食べ物を味わっている、とギリシャ人たちが想像したのはこの山である。目には遠いとしても、神々はまだ自然に宿り、人びとの近くに居続けるのである。

キーワード〈自然、宗教〉

21 オレステス

オレステスは、姉のエレクトラに後押しされて、自分の母であるクリュタイムネストラと、その共犯者でアガメムノン〔エレクトラとオレステスの父〕がトロイアから帰還したときに彼を殺したアイギストス〔アガメムノンのいとこ〕とを暗殺する。アトレウス家は、何世代にもわたって犯罪の続発に苛まれており、そのどれもが次々と反響し合う復讐なのである。この殺戮の繰返しに決着をつけようと、オレステスの責任と罪状を考慮して彼を裁くため、アテナは最初の法廷となるアレオパゴス会議を創設した。判事らは決着をつけることができなかったため、アテナは釈放を命じることに決めた。このように慎重さが——意見が不一致の場合——判決の保留を選ぶように導くのである。オレステスは、有罪だとは認められず、同様に無罪だとも証明されない。したがって、われわれの文化における最初の評決には、慎重さが刻印されたのである。この評決はまた、親族による復讐に終止符を打つ。それ以来、法廷はもはや個人的なことではなく、公的秩序の保護に属するのである。

しかし、オレステスは運命に導かれた典型的な悲劇の英雄を、まさに彼の行為において体現しており、ここではエレクトラによって復讐へと駆り立てられるのだが、その復讐はよく考えてみればオレステス自身のものではないのである。サルトルは『蠅』の中で、殺人というこの行為を引き受け、悲劇の最中で自分の自由を主張するために、殺人をわが物とするオレステスを描き出している。

キーワード〈正義、悲劇、復讐〉

22　オルペウス

トラキアの王オイアグロスとムーサイ〔文芸を司る九人の女神〕の一人であるカリオペの息子オルペウスは、非凡な芸術家で、ときおりアルカディアで牧人をし、そしてエウリュディケの恋人でもある人物で、彼の作る美しい曲で、野獣を鎮め、山々を移動させ、さらにはセイレン〔上半身が女性で下半身が魚または鳥の怪物で、人を惑わす歌を歌う〕の心をとらえることができた。アポロンの恩寵を受けたオルペウスは、叔母である九人のムーサイを讃えた九本の弦と亀の甲羅で作られた竪琴を携える。しかし、この詩人がすべての能力を手に入れるのは、最愛の人が死んだときなのである。悲嘆に暮れ喪に服す人物像としてのオルペウスは、叙情詩に哀歌という働きを与える。それ以来、嘆きや喪失感を歌い、「あらゆる花束／詞華《ブーケ》集」に不在な花／詩〔マラルメ「詩の危機」より〕を褒め讃えなければならなくなる。「私は陰鬱な者、男やもめ、悲嘆に暮れた者……」〔ジェラール・ド・ネルヴァルの詩「廃嫡者」〔『幻想詩編』より〕の一節〕。アポロンはその嘆きを聞いて、エウリディケを探しに地獄へ行く機会を彼に与える。

それ以来、ウェルギリウスの冥界下り〔『アイネイアス』第六巻〕からランボーの季節〔『地獄の季節』〕まで、個々の人間に関わるすべての詩にとって、地獄下りは避けて通れない道となる。オルペウスがいっしょに連れ戻すことができなかったエウリディケの二度目の死は、挫折という苦しい試煉であり、別離というものの決定的な性質を認識することでもあり、万能だと思われていた表現の力の限界を明示している。表現において再現されるものとは、一度なくなったものではない。詩人は別の形の現実を作り上げるのだ。絶望したオルペウスは、猛り狂った賛美者たちに屈することなく、引き裂かれるままとなった。オルペウスの竪琴は、もぎとられた彼の頭といっしょに海に捨てられた。竪琴と頭の双方が、詩人サッポーによって受け継がれたのはレスボス島で、ボードレールは『悪の華』においてその遺産を褒め讃えようとした。もはや存在しないものを戻って来させる力を持たず、失われた世界への永遠の懐古を余儀なくされ、今、詩はレスボスの女の言葉となり、プルースト作品の少女たちのようにつねに花盛りだが、子孫を残さず、実を結ばず、儚い。詩は「詞華集《アンソロジー》」に収められる運命にあるのだ。

キーワード〈芸術、死、懐古、詩〉

23
パンドラ

パンドラは、すべての贈り物を受けており——というのが彼女の名前が意味するところである——、そして少なくともギリシャ神話において、最初の人間の女性である。オリンポスの神々が彼女に与えた多くの性質の中から、ヘラの贈り物を区別しなければならない。それは、後にあの有名な箱を開けさせ、人びとのあいだに老い、病気、戦争、飢餓、貧困、狂気、悪徳、欺瞞、そして情熱を解放させることになる、好奇心である。

まぎれもない「毒入りの贈り物」であるパンドラは、ギリシャ世界において、女性の性質を誹謗中傷して女性蔑視的な措置をとる戦略の一要素であった。彼女には誘惑するためのすべてがあり、とりわけプロメテウスの弟エピメテウスを誘惑し、その妻になる。しかし、パンドラは、神々が彼女に託した箱を――「実際」のところは壺だった――命じられたとおりに閉めたままにしておくことができなかった。すべての災難がそこから放たれ、プロメテウスが盗んだゼウスの雷を享受している人間たちが罰せられる。まったく、諸悪の根源である女性の好奇心には、何ものも抗えないのである。『聖書』の中では、エバの伝説がこの主題の別の形態となっている。もちろん、それでも「希望」が底に残っていて、それによって状況は救われるかもしれないが、ただし、この「希望」という訳語は誤りである。ギリシャ語でエルピスは「予想」を意味する。このように、人びとには予想にともなう不安しか免除されないのであって、それはどうしたって取るに足らないことなのである……。

キーワード〈好奇心、誘惑〉

24　ペネロペ

永遠に口説かれ続ける女性、オデュッセウスの妻であるペネロペは、夫婦の貞節の寓意である。彼女の名前は、ギリシャ語ではそれだけで次のような類似関係を示唆している。つまり、ペネロプスは「鴨」という意味を持ち、一羽で行く鴨は貞節の象徴である。

オデュッセウスが不在の二〇年のあいだに、数々の求婚者が彼女の夫は死んだと断言して、自分たちの中から新しい夫を選ぶよう急き立てるが、ペネロペは抵抗する。彼女は、夫を選ぶ前に義父ラエルテスの経帷子を最後まで織ってしまわなければならない、と宣言する。彼女は昼間に織ったものを、夜になるとほどいていた。この計略は侍女の一人によって暴かれてしまう。徐々に求婚者の圧力が強まり、彼女が二〇年の貞節と純潔に終止符を打とうとしたそのときに、オデュッセウスがイタケに帰ってくる。オデュッセウスは自分の身元を知らしめた後、自分の住処に侵入し、横領を行なったすべての男たちを虐殺する。それから彼はペネロペのところに戻り、そしてアテナは彼らのために夜の時を引き延ばした。

キーワード〈貞節、術策〉

25 ペルセウス

ゼウスとダナエの愛の結晶であるペルセウスは、祖父であるアクリシオスの計らいによって、生まれたときに母といっしょに箱の中に入れられ、海に捨てられた。彼らは波によって、ポリュデクテスが支配するセリポスの浜辺に運ばれた。王ポリュデクテスは、ダナエを思うままに口説き落とすために、大人になったペルセウスを厄介払いしたいと思い、ゴルゴン三姉妹のうちの一人であるメドゥーサの頭を取ってくるよう彼に依頼する。英雄ペルセウスは、アテナとヘルメスに助けられ、ハデスの隠れ兜〔着けた者の姿を消す〕を携え、見る者を石化させるメドゥーサの視線を見ることなく、怪物の頭を切り取ることができた。ペルセウスは帰途において、岩に鎖で繋がれ、海の怪物に喰われようとしていたアンドロメダを解放し、彼女と結婚してからアフリカに赴き、巨人アトラスを広大な山塊の形に石化させ、そしてついにセリポスに辿り着くと、ずっとポリュデクテスにつきまとわれていた母を救う。

ペルセウスの神話は、メドゥーサと凝固させる視線というテーマに密接に結びついている。正面から対峙するという事態が起こらないのである。ペルセウスは顔を背けて、敵の頭を振りかざす。チェッリーニはこのままペルセウスを固定させる〔現在、フィレンツェのシニョリーア広場にあるペルセウス像〕。ギュスターヴ・モローは、力関係を覆してこの神話をふたたび作り直し、役割と性を反転させる。それ以降、洗礼者ヨハネの光り輝く頭が、彼に対する勝利者ということになっているサロメを石化させるのであり、サロメはまさしく死刑に処せられた者の光り輝く視線によって、呆然《メドゥゼ》とさせられるのである。

キーワード＜死、視線＞

26 プロメテウス

ティタン族の中で最も有名なプロメテウスは、神々と張り合おうとする人間の渇望を象徴する。「先見の明を持つ者」を意味するプロメテウス（弟のエピメテウスは「事後に考える者」を意味する）は、人びとのために神の火――ゼウスの雷――を盗むのだが、この話は、火という技術のおかげで、人類が獣や神々にたいして自衛することができるようになった様子を描いている。つまりプロメテウスは、野心と反逆とに、あるひとつの性質を与えるのだ。それはガストン・バシュラールがプロメテウス・コンプレックスと名づけたもので、「父と同じだけ、あるいは父よりも多くを知ろう、先生と同じだけ、あるいは先生よりも多くを知ろうとするすべての傾向[1]」を表わす。バシュラールはそこに「知的生活のオイディプス・コンプレックス[2]」を見る。メアリー・シェリーの小説『フランケンシュタイン』には、実際に「現代のプロメテウス」という副題がある。小説家がこの副題を選んだことから、次のことが明らかになる。つまり、現代性とは、伝統の拒否であると同時に伝統の克服であるとされること、またそこにおいて知識の地位は徐々に優位となり、専門的知識の地位が中心的になるということだ。こうした知識はもはや集められる、あるいは累積されることをめざすのではなく、猛烈に指数関数的に増えようとする。

（1）参考文献【6】。
（2）前出参考文献【6】。

キーワード〈野望、科学、技術〉

27 ロムルスとレムス

ロムルスとレムスという双子は、語の最も強烈な意味で神話的であり、その理由はひとつではない。彼らの運命は、この上ない都市――ウルブスすなわちローマ――の創設に関係しており、運命はこの双子をわれわれの文化の起源にまで結びつける。しかし、それはあまりにも厚い歴史の靄の中でのことなので、これらの物語についてはティトゥス＝リウィウスが、「その魅力は、情報の信憑性よりも、詩人の想像力に負うところが大きい[1]」と読者に警告するまでに至った。

（1）参考文献【7】。

ところで、この二人のローマ人像は、始まりの威光と驚くべき誕生というものを享受する。彼らには、ウェスタ神に仕える巫女であり、アルバ王ヌミトルの娘であるレア・シルウィアという母がいて、その祖先にアイネイアスがいるのだが、なにより、彼らには父の戦神マルスがいる。さらに双生児として生まれたことで、彼らの超自然的な性質が増し、彼らが捨てられた後に生き延びた環境もまたその性質の要因となる。一匹の牝オオカミが、ルペルクスを祀った洞窟で彼らを護り、養ったといわれている。もっとありきたりだが、ティトゥス＝リウィウスは、娼婦ラウレンティア――「牝オオカミ」と渾名されていた――が彼らを養子にしたらしい、としている。紀元前七五三年四月二十一日のローマ市建立の報いとして、この双子のうちの一人が犠牲にされた。すなわち、レムスは百人隊長のケレルにスコップで殴られ死んだのである。これは激情によるものだったのか、それとも命令によるものだったのか。勝利をもたらすハゲタカの算出〔国策を巡って、二人は禿鷹がどちらかの祭壇に降りてくることを神の啓示とみなして争うが、降りて来た時間か数かどちらを尊重するかで口論を重ねた〕に関する「いかさま」についての諍い、あるいは、都市の新しい主が出した最初の決定事項に背き、気分を害して新しい街の聖域を武装して越えたレムスの挑戦的態度についての諍いに関することなのか。いずれにしても、二人の兄弟のうち一方の不条理な死は、ローマ市建立に聖なる行ないという価値をもたらした。

キーワード〈始まり、創設、犠牲〉

28　スフィンクス

スフィンクスは、母エキドナから女性の顔と乳房を受け継ぎ――それゆえにしばしば「女のスフィンクス《スファンジュ》」が連想されやすく、その上、この言葉はギリシャ語で女性名詞なのである――、父であるティフォンから竜の尻尾、姉のキマイラからライオンの体、ハルピュイア三姉妹――スフィンクスの別の姉――から翼を受け継いでいる。王ライオスの死後、スフィンクスはボイオティア地方のテーバイに送られ、その町を罰するために、次のような謎かけに答えられないすべての者を食い尽くしていた。謎かけとは、「声はひとつながら、まず四本足を持ち、次に二本足、そして三本足のものはなにか(1)」というものである。その答え――「人間」――がオイディプスによってもたらされると、スフィンクスは激しく怒って岩山の上から身を投げ、町は解放され、オイディプスは救世主として人びとの前に現われる好機を得る。

（1）参考文献【8】。

スフィンクスは謎めいている、という肯定命題は同語反復的である。事実、スフィンクスは架空の創造物、あるいは原始的な（ガイアによって産み出された）創造物から採取した四肢と属性を寄せ集めた怪物であり、オイディプスも苦しんだ起源の謎から生じているのだ。スフィンクスの謎掛けは、そもそも自分が被った不条理な変身によって、人間を不安定な存在に変えようとしているのである……。

キーワード＜人間、怪物＞

29 タンタロス

神々からアンブロシア〔不老不死の食べ物〕を盗み、それを人間たちに分配したという罪で、タンタロスは冥界で飢餓と誘惑の拷問に処せられる。というのも、彼は――決して飲み食いできずに――川に沈められた状態を課され、彼の頭上には葡萄棚に吊るされた手の届かない葡萄の房があったのである。

このように、タンタロスは、与えられた責め苦によって、苦しくて激しい欲望を具象化するのである。

キーワード〈欲望、欠乏〉

30 テセウス

父アイゲウスの跡を継ぐため、テセウスがアテナイの玉座に就いたことは、クレタの地中海世界に対する覇権の終焉を表わすと同時に、アッティカの自治と強権の始まりを示している。実際に、テセウスは思慮深い国家の首長を体現する。クレタにいるミノタウロスへの生け贄となるアテナイの若者たちのあいだに加わることを志願し、ミノス王の年長の娘であるアリアドネの助けを得て怪物を打ち倒し、このようにしてギリシャ人たちを重い義務から解放した。しかし帰路において、ナクソス島にアリアドネを置き去りにした後、テセウスは喪の象徴である黒い帆を、勝利の印である白い帆に変えるのを忘れた。息子の帰還を待ちわびていた老いたアイゲウスが、遠くから見て、息子がこの企てに失敗したと思い込み、絶望から自殺する。

テセウスは権力の座に就き、叡智と正義のあるところを示す。贖罪の放浪を終えつつあったオイディプスを招き、コロノスに彼が切望する墓所を与える。しかし、君主としての叡智は、人間であり女たらしとしての無分別な行ないと対照をなしており、テセウスはアリアドネを捨てて彼女の妹のパイドラと結婚するが、今度はアマゾネスの女王とのあいだに関係を持ちパイドラを裏切るのである。私的な感情の中にある公人を悩ます矛盾についての最初の考察もまた、テセウスとともに始まるのである。英雄たちは、彼らの近親者にとってつねに英雄的であったのだろうか。「英雄はいい匂いがしない」とフロベールは書いている〔『感情教育』第三部、第一章〕。それはつまり、英雄には近づいてはならない、さもないと具合が悪くなるということだ。英雄的行動は、「遠くから」見るべき見世物なのである。

キーワード〈国家、英雄、責任〉

第二章　寓話

隠れた意味や二次的な意味をもった話、教訓話《アポローグ》、寓意作品《アレゴリー》などの寓話《ファーブル》（「話す」を意味するラテン語のfari より）は、一般に思われているようなものとは異なる。というのも、教訓話とは短い「詳述」（ギリシャ語の意味）で、隠喩を通して教訓を説明するものだからだ。創始者は、プラトンだとされている。楽しませたり想像力を刺激したりすることへの気配りの背後に、「教化する」というひとつのねらいがある。教訓話を用いることは、若い弟子を持つ師匠にとって、さまざまな聴衆がいる説教師にとって、また議論を始める前に注意を向けさせたいと望む哲学者にとって、ぜひとも必要なのである。こうした寓話はすべて、教育的戦略に荷担しているのだ。

31　蜂の寓話

イギリスの医師であるバーナード・マンデヴィルは、ラ・フォンテーヌを翻訳し、今度は自分で寓話を創作したのだが、それはモデルとなったラ・フォンテーヌのものとはまったく異なる性質の重要性を持った。一七〇五年に出版された『蜂の寓話』のことである。

マンデヴィルは、ひとつの巣箱の中で、それぞれ利己主義の充足を追い求める蜂たちが、法外な群れの繁栄に寄与する様子を描く。彼は「私悪が公益を為す」ことを示し、「人間の欠陥は、人間性が堕落してしまった中では、市民社会の有利になるように用いられうる」と付け足している。個人の悪徳が、全体の幸福の原因となるのだ。こうした悪徳のなかでも、蜂はとりわけ偽善を好む。蜂は偽善を誇りにし、正直で無私無欲だとみなされることにしか興味がない。ゼウスは、蜂らのあまりの厚かましさにいら立ち、皆が自分の堕落に気付くよう、ひとりひとりを本当に正直者にしてしまうことに決める。蜂たちは徳高くなり、自分たちがより金持ちになるために、盗んだり、嘘をついたり、騙したりしてきたことを恥じる。それから、その巣箱は貧しくなり、衰える。美徳と経済的な豊かさとは相容れないのだ！

この寓話は、アダム・スミスの「見えざる手」という寓話を挑発的に予告し、生まれつつあった自由主義経済に本当の道徳的失墜を引き起こすことに貢献する。市場を、経済を、さらには資本主義を「教化する」と主張することこそ、蜂よりも偽善なのではないか。

キーワード〈富、公益、美徳〉

32　翼を持った一組の馬

「魂であるものはすべて、生命のないものすべてを引きうける。ところで、魂は時によって形を変えながら、全天を巡る。したがって、魂が完璧であり翼が生えていると、魂は高い所へ行って全世界を治める。反対に、魂が翼を失うと、何か頑丈なものにしがみつけるところまで押し流される。そこで魂は自分の住処を定め、土でできた体を持つのだが、その体は自分で動くように思えるが、魂の力によるのである。人が「生けるもの」と呼ぶものは、魂と魂に固定された体との総体で、この総体は「死すべきもの」という名を受けたのである。[1]」

（1）参考文献【9】。

哲学者プラトンは、好んで二輪戦車の比喩を用いてこれを補い、魂は翼が生えているだけでなく、ひとたび肉体を持つと、まさしく「翼を持った一組の馬」に似るとする。つまりプラトンは、魂は混成であり、三区分になっている――この三区分は『国家』のそれと対応する――とする。したがって、一人の馭者、すなわち戦車を双方向に引く二頭の馬をいっしょに操らねばならない理性と、欲望を駆り立てる黒い馬と、怒りっぽい白い馬を思い描かねばならない。黒い馬は、戦車を路肩へ、すなわち欲望や感覚的なものの方へ引き込み、白い馬は反発し、戦車を王道へ保とうとする。この魂の三区分は、正しい都市国家において次のように均衡を保つ三区分を指し示している。すなわち耕作人たち（黒い馬）と兵士（白い馬）がともに働く戦車を、哲学者たちが指揮するのである。認識と欲望と意志、これらが精神生活の三つの表われである。

キーワード〈魂、欲望、理性〉

33　ビュリダン（のロバ）

ひと桶のエンバクと水飲み場とのあいだで迷って、夕食を何から始めるか決められない雌ロバは、飢えと渇きで死んでいく。この短い寓話は、ウィリアム・オッカムの弟子で後に論敵となった、十四世紀の哲学者ジャン・ビュリダンのものとされるが、これは古代にアリストテレスによって設定された次の問題を言い換えたものである。犬は同じように食欲をそそる二つの食べ物をどのようにして選ぶことができるか。まず論理学で「ジレンマ」と名づけられたものを分かりやすく説明することが問題だ。たしかに人びとは、「ジレンマ」という言葉からは、選択が不可能なことではなく、むしろ、採択した手段や決定がどんなものであったにせよ、結果が同じとなるような状況を想像する。これは、古典修辞学の詭弁である。すなわち、私がAかBかを選ぶとき、私はいずれにしろCに至り、このことで、AかBかを選ばねばならないという行為が不条理なものとなるのである。

しかし、この教訓話は、人間はつねに決断する力を己のうちに見出す、という点で、とりわけ動物から人間を識別することを目的としている。スピノザは次のように書いている。「魂がいかなる外的なものからも決定されず、そもそもとても強い力を持っているということは、ビュリダン（のロバ）の喩えによって容易に説明される」。「もし実際に、（ロバの代わりに）人間をこの均衡状態に想定したとして、彼が飢えと渇きのために死んだとしたら、その人間は思考するものとしてではなく、最も愚かなロバとみなされるべきだろう。[1]」

（1）参考文献【10】。

完全な自由と同一視することができるこの状況を、デカルトは「無差別の自由」と名づけており、彼の視点からすると、この自由は最も低い段階の自由を表わす。こんにちわれわれは、見せかけの、ゆえに失望させる自由をわれわれに抱かさせる大衆消費を経て、このような自由を体験している。

これは、ハーバート・マルクーゼが、一九六八年に、後に有名となる著作『一次元的人間』の中で分析したことである。マルクーゼはそこで、「価格管理の上での自由競争、自己検閲をする自由な報道、そしてブランドや実用性の乏しい玩具などの中から選択する自由といったものに見られる、偽りの自由を保持したいとする欲求」を糾弾する。

これは、巨大流通センターの陳列棚が提供する自由である。つまり、異なる包装材にくるまれた同じ製品の中から選択するということなのである。

キーワード〈動物、自由、意志〉

34 人食い人種

「善き野蛮人」の神話は、黄金時代を懐かしみ自然状態を理想とするが、人食い人種《カニバル》というものは、西洋文明を原始世界の現実へと招き入れる。人食い人種は架空のものではなく、初めは「現実効果」〔本当のことであるという印象を読者に与えるための文学技巧、ロラン・バルトによって命名された〕のひとつであった。ジャン・ド・レリーが一五五七年に〔この年にリオ・デ・ジャネイロに到着し、翌年まで滞在する〕それを証明しており、彼が「ブラジルの地で」食人者に出会ったのは、モンテーニュの話に数十年先行する。これは、「見られたもの」、「驚嘆すべきもの」であり、珍品陳列室〔ルネサンス以降ヨーロッパに現われた珍品収集のための部屋〕に置かれるにふさわしいものである。人食い人種とは、数週間前から敵に栄養を与え、その敵の人肉を儀式的な食事の最中に貪り食う野蛮人である。彼らは体を分断し、それを一種の「焼き網」の上で焼く。この網は「ブーカン」と名づけられているのだが、「ブーカン」は楽しくにぎやかな祭りを形容する語としてわれわれの記憶に残っている。「ほら、私が見たのは、このようにアメリカの野蛮人たちが戦いで捉えた捕虜の肉を焼いている様子で、すなわちブーカンをするということなのだが、これはわれわれには未知の焼き方である(1)」。

（1）参考文献【11】。

モンテーニュはそれをひとつの寓話にしている。「死んでいる人を食べるより、生きている人を食べる方が、［……］人が死んだ後に焼いて食べるより、［……］犬や豚についばませ殺させる方が、より野蛮なことだと思う(1)。」これは「自分の習慣にないものを蛮行と呼ぶ」という文化相対主義の寓話となる。

（1）参考文献【12】。

それ以来人食い人種は、価値観の相対主義という教訓を西洋に与える。それは、徐々に真の神話となり、シェイクスピアの『テンペスト』において、カリバン Caliban——「カニバル Canibal」か？——という人物像の中で、アナグラムを用いて投影され、描かれさえするのである。

キーワード〈文化、相対主義、野蛮人〉

35 洞窟（の寓意）

「横幅全面にわたって光の入る開口部がある、洞窟の形をした地下の住居にいる人間たちを想像しなさい。これらの人間は子供の頃からそこにおり、足と首を繋がれ、したがって動くこともできず、前にあるものしか見られず、鎖のせいで振り返ることもできない。光は彼らの後ろの高い場所にある火から発している。火と囚われの人のあいだを高い道が走っている。この道沿いに低い壁が作られているのを想像しなさい。マリオネット師が、摩訶不思議な見世物をするときに、その下の自分の前に立てる仕切り壁のようなものだ。[1]」

（1） 参考文献【13】。

最も多くの聴衆にプラトン的な世界の表象の核心を知らせるための、最も有名な哲学的教訓話は、このようにして始まる。人間たちは、みずからの感覚に隷属させられていて、その感覚が現実から伝達するのは、人間たちの影だけなのだ。人間が、真実の方に向きを変え、「目覚め」たいとしたら、それにはつらい労力と粘り強さが必要になる。具体的には、感覚の洞窟から出るということは容易なことではなく（運さえも必要である、というのも、自分があらゆる束縛から自由であるということに気付いた場合にのみ、脱出できるからだ）、思考を曇らせる太陽の下で、この洞窟の外で生きることは不可能なだけに、洞窟の外に出ようとする企てはたいそう驚くべきことなのである。それから他の人間たち、つまり囚われの人たちのあいだに戻って、彼らを解放し、彼らに真実を言おうと試みなければならない。こうした哲学者の任務というものは、報いがなさそうだ……。

キーワード〈哲学、感覚、真実〉

36 セミ

「伝説によると、セミはかつて人間であり、ムーサイ〔文芸を司る九人の女神〕が生まれる前に存在していた人びとの仲間であった。ムーサイが生まれて、この世に歌が現われたとき、当時の人間のうちある人びとは、あまりに衝撃的な楽しみを知ったため、食べたり飲んだりするのを忘れて歌いつづけ、気づかずに死んで行った。続いて、この人びとから蟬という種が生まれた。蟬たちはひとたび生まれると、いかなる栄養も必要としないが、すぐに歌い始め、いまわの際まで飲まず食わずで歌い続ける、という特権をムーサイから賜った。(1)」

（1）前出参考文献【9】。

ソクラテスは、この気の利いた神話を創作するのに、ある伝説から想を得たと主張するが、しかしだれも出典を特定することができていない。それゆえ、プラトン独自の創作だとみられるのだが……これは、ソクラテスと若きパイドロスがともに展開する、長くてかなり難しい対話の最中の詩的創作、さらには気晴らしなのである。というのも、争点は、太陽が輝いて疲れを感じるときに、対話者を挫けさせないようにすることにあるからで、努力を養うのは、結局は情熱と楽しみなのである。熱中した人は、疲労に気付かない。愛情があれば、われわれは生きていけるのだ……。ラ・フォンテーヌはプラトンの神話を重々承知して、その理想主義を修正する。「夏のあいだ中歌っている」セミたちは、それでも最終的に冬の到来とともに「無一文であることを感じる」ことになるのだ！　芸術家と哲学者は、生きるための「実務」の実践に甘んじてはいけない。彼らには庇護者あるいは王侯から与えられる職務が必要なのである。

キーワード＜芸術、快楽＞

37　骰子《さいころ》の一擲

生きるとは、骰子賭博をすることであり、骰子をテーブルの上に投げて転がし、勝つか負けるかの組み合わせが出るのを待つことだとすれば、どれだけの賭博師が、根拠のない言い訳を探したり、下手な理屈を引っ張りだしたり、自分以外のすべてに責任をなすりつけたりすることなく、負けを認めるだろうか。誰が勝ちより負けを、大喜びして受けいれるだろうか。もし皆が勝ちたいと思うならば、どれだけの人が敗北に耐えられるだろうか。そのような人はあまりいない、とニーチェは主張する。これは、罪はあるものの彼の責任ではない過ちを引き受けたオイディプスの悲劇に匹敵するような、大きな悲劇を予想させる。唯一「能動的な力」（限界まで押し進めることができる力）だけが、負けを受け入れることができる。他の人びとは、結果が反転するような、目に見えない、さらには非物質的な第二の遊戯卓を作り出したり、あるいは望みの組み合わせが出るまで賭け続けたり、といったさまざまな計略を用いる。「臆病で、恥じ入り、不器用で、跳びそこなった虎のようだ。すぐれた人間たちよ、私はそのようにあなたがたがそっと去ってゆくのをしばしば見た」と、ツァラトゥストラは宣言する。「あなたがたは賭けをしくじったのである。しかし、賭博師たちよ、あなたがたにとってそれが何なのだ！　あなたがたは、賭けをし、それを物ともしない本当の術を学んでいないのだ。[1]」

それ以来、骰子の一擲からは、生きることとは偶然と必然を同時に肯定し、偶然の産物が必然性として課されるのを受けいれることである、ということが思い出される。

（1）前出参考文献【5】。

キーワード〈遊戯、偶然、生〉

38　主人と奴隷の弁証法

奴隷制度を、とくに叡智と科学と哲学の広まった文化的空間においてどのように考えるか。アリストテレスは次のような論理によって答えを出している。奴隷は初めは自由な人間であったが、戦場で敗北し、その命が勝利者のものとなった。戦闘において征服された戦士の命は、もはや彼のものではない。その命は、彼の武器や財産がそうであるように、勝利した戦士のものになるのである。十九世紀初頭に、ヘーゲルはこの話題を復活させ、それを社会的不平等の関係を解き明かす「モデル」にした。なぜ支配者と被支配者がいるのか。なぜ労働者階級がいるのか。なぜブルジョワがいるのか。

今問題になっているのは、戦場における戦いではなく、認識のための意識の闘争である。主人は奴隷の意志を自分の意志に従属させ、主人は奴隷に優位性を認識させるのであり、そしてこの認識のおかげで、自然を加工するという義務から主人は解放される。奴隷は主人のために働く。実際、耕すべき大地の上で、辛いけれども生活に必要な仕事を実行するのは奴隷である。

したがって奴隷は、主人に従属し、彼に従うように強要されているが、今度は主人が、自分が依存していることに気付く。主人は奴隷の労働に依存し、奴隷がこの世界を変化させる方法に依存しており、必然的に今や主人はこの世界と無縁になっているのである。こうして、ある意味では奴隷がその主人の主人となり、力学的に支配関係が逆転する、と考えられる。マルクスが自分の思想を養ったのは、この信条による。

キーワード〈対立、弁証法、争い、労働〉

39 「神は死んだ！」

「神は死んだ！　神は死んだままだ！　そして神を殺したのはわれわれだ！　殺人者の中の殺人者であるわれわれは、どのように自分を慰めればよいのか。」ニーチェの『悦ばしき知識』の中で、狂人が宣言する。この「悪い知らせ」は、それ以降、ニーチェの著作全体を駆け巡る。しかし、「この驚異的な出来事はまだ人間の耳に届いていない」。

「神は死んだ」という表現はよく知られており、そこに熱狂や、あるいは安堵の表現を読み取ることをはじめとした、さまざまな誤解を招いた。というのも、狂人は『福音書』のもののような「良い知らせ」ではなく、人類にとって「悪い知らせ」、さらには「非常に悪い知らせ」を告げるのであり、なぜなら、この知らせは、哲学と生活様式としてのニヒリズムの到来を意味するからである。「神の死」は、ある種、価値観の危機の始まりである。「神が死んだ」というのは、ただ単に、人間たちがもはや背後の世界を信じておらず、「彼方」にはもう何も期待せず、そしてそれ以降、存在するものの意味は、もはや最も物質的な表明にしか見出されない、ということなのである。つまり、宗教的な価値観が批判するように教えてきたこと——身体、感覚、物質——が唯一の現実となるのだ。非難され、ずっと軽蔑されてきたこの物質主義のほかに、何の主義もないのである。こうしてニヒリズムの本質そのものがどんなものかが分かる。自分が低い価値を与えるものしか現実とみなさないのである。

キーワード〈宗教、価値観〉

40 永劫回帰

「彼は言う。『なんだって？ これが生きることだったのか？ よし、もう一度始めよう(1)！』」

(1) 前出参考文献【5】。

「永劫回帰」の原理は、実際のところ直線的な時間性を廃止する構造として現われるあらゆる神話の基礎にある。事実、神話の人類学的な働きは、起源を説明することと同時に、現在がどれほど起源の繰り返しであるかということを示すことにある。神話はこのように、すべてはひとつの同じ出発点の繰り返しでしかなく、したがって過去は未来でもあるから、過去の記憶を持ち続けるのは無駄で、結果として、保存の技術を発展させることが必要だと信じるのは大局的には無駄である、という考え方に基づいて、人びとに出来事を理解させる。

この原理を、ニーチェはまったくほかの用途に使う。ニーチェは、そこに「考えられる最も高等な肯定の最高の表現」を見る。結局は、君が生きたことの回帰を君が永遠に望めるように行動せよ、という方法論の問題である。「永劫回帰」は禁欲であり、あらゆる種類の遺恨や後悔を排除するための意志の訓練である。実際に、人生は肯定の原理であり、そこには芸術によってたとえば美化したり昇華させることが可能になるような苦痛も含まれる。自分の人生を必然として肯定し、自分が体験するものごとにおいて揺るぎない責任を全面的に引きうける――さらには要求する――人間は、存在の超人間的な次元とは言わないにしても、悲劇的な次元には行き着く。この限界まで押し進める能動的な力に対抗するのが反応力、すなわち遺恨や嫉妬といったやましい心の力で、それは理想主義がまとうきわめて多様な形を通して現われる。

キーワード〈力、怨恨、意志〉

41 ギュゲス（の指輪）

「羊飼いたちのあいだにいたギュゲスは、偶然にも指輪の宝石台を掌の中で自分の方へ向けたところ、すぐに周囲の人びとから見えなくなり、人びとが彼が帰ってしまったかのように話していたため、たいへんに驚いた。ふたたび指輪に触れて、改めて指輪の宝石台を外側へ向けると、すぐに彼の姿はもと通り見えるようになった［……］。ギュゲスは宮廷へ赴いて王妃を誘惑し、彼女の助けを借りて王を襲って殺し、そして玉座を奪った[1]。」

（1）前出参考文献【13】。

ギュゲスが見えなくなる力を手に入れるやいなや、事件は速やかに運ばれる。急激な話の結末は、羊飼いギュゲスが異なる時代から来た魔法の指輪を盗むことができた状況を提示する、事前の長い描写とは対照的である。この意味は明らかだ。つまり誘惑はあまりに強いため、何ものもすぐに屈してしまうということである。

プラトンは、ここでヘロドトスの物語を採用しており、それによると、ギュゲスは、カンダウレス王を暗殺した後に、リディアの玉座を奪取したようである。したがって伝説的なエピソードというものは、神話にとって枠組の役割を果たしており、その神話の第一の働きは、はるか昔のアルカディア人で、平和主義の象徴であるこの羊飼いを筆頭に、われわれの誰しもが生来邪悪であることをわれわれに納得させることである。事実、羊を守るものほど生来平穏な人間はおらず、野心を持ち権力の駆け引きに身を投じることに疎遠な者はいない。しかし、他人の視線を免れられるという確信が、ギュゲスの奥底にある気質を暴く。人間は本来、美徳を実践するようにはできていない、ということだ。したがって、人間を美徳に拘束するよりほかにつける薬はなく、そこに到達するには、他人の目に永遠にさらしておくこと以外に、どのようなよい方法があるだろうか。となれば、美徳を最もよく保証してくれるのは、まさしく透明性である。このように理想的な都市の守護者は、共同生活をしなければならない。そしてこんにち議会の慣行よりも、地域的な民主制に、より多くの美徳が見出されている。というのも市町村の議員や県会議員は、その日常が、他の市民の日常と混じり合うような近さで選ばれる人物なのだ。

キーワード〈悪、美徳〉

42　ヘルマフロディトス／アンドロギュヌス

「当時、実際に男女《アンドロギュヌス》という種があり、形態と名称において、他の二つの種である男と女を併せ持っていた。」プラトンが詳述する『饗宴』においてアリストパネスが発する言葉は、およそこうして始まる。これらの原始の創造物は神々に挑み、神々は彼らを罰するために、彼らを二つに分けた、とアリストパネスは付け加える。「ところで原初の人間がこうして切断され二つに分けられたとき、各々が片割れを惜しんで、ふたたび結合しようとした。お互いに抱き合い、絡みつき合って、何よりも単体になりたいと望みながら、彼らは飢えと無為のために死んで行った。なぜなら、彼らは片割れなしには何もしたがらなかったからである。［……］人間の男女間の先天的な愛は、明らかにこの遠い昔にさかのぼるもので、人間に昔からある性質の断片を集め、二つの存在をひとつにして、人間の性質を治そうとするものなのである(1)」。

（1）参考文献【14】。

プラトンはこの神話を、有名な喜劇作者で永遠のライバルであるアリストパネスのものとするが、この神話はヘルマフロディトスの神話を人類に置き換えたものである。ヘルメスとアフロディテの息子ヘルマフロディトスは、あまりの美貌の持ち主だったため、ポセイドンの娘でニンフのサルマキスの狂おしい情熱をかきたて、サルマキスは愛する人と永遠にひとつでいたいという願いを抱いた。ポセイドンは願いを聞き入れる。ヘルマフロディトスとサルマキスは、それ以来、ひとつの存在となり、同時に男であり女となった。ある意味で、アンドロギュヌスの神話は、いわばヘルマフロディトスの神話を逆方向に語っている。分離された体とひとつになった体、どちらの場合も、男と女は創造物の二つの片割れであり、その創造物は神に挑むことが可能に思えるほど、あまりに強く、あまりに完璧だった。

しかし、アンドロギュヌスの神話は、とりわけ愛の欲望の強さがどれほどであるかということ、愛の目的自体がまさしくこの失われた部分の回復であり、愛の探求には唯一の幸せな結末しかない、ということを思い出させる。結局、欲望は傷から、すなわち一部の切除から生まれる、とアリストパネスははっきりと示している。実際に、私にとって愛の証となるのは、愛する人の堪え難い不在なのである。

キーワード〈愛、欲望〉

43 オイディプス（コンプレックス）

一八九七年十月十五日付けの、友人フリース宛の手紙でフロイトが示したように、私というものの謎は、オイディプスの神話の中にみずからの答えを見出すのだろうか。「私は、母に対する愛と父に対する嫉妬を、他のあらゆる場所と同じように私の中に見つけたが、それは、私が思うに、すべての幼い子供に共通のものである。」

この神話の最も著名な宣伝者はずっとソフォクレスのままだが、この神話は、オイディプスが自分の運命から逃れようとしながらもどのように運命を急き立てたかを物語っている。コリントスの王と女王が自分の両親である——実際にはオイディプスは養子である——と信じて、オイディプスはテーバイへと逃げるのだが、そこはオイディプスの祖国であり、彼の本当の両親であるライオスとイオカステが統治していた。自分の父を殺し、そして母と結婚する、というのが彼が避けられないことである。

このようにオイディプスの神話は、誰も宿命《ファタリテ》（ラテン語の「話す fari」から派生した「宿命 fatum」は、神々によって一回かぎり言われたことを指す）から逃れられないということを何よりも表明する。ところで、人間の条件を説明するためにオイディプスの神話を用いるというのは、その話に普遍的価値と必然性を与えることである。しかし、どのように「オイディプス・コンプレックス」の普遍性を主張するのか。フロイトがそれを「自分の中に見つけた」というのはそれでよろしい。しかしこの感情は、だからといってフロイトがフリースに書いたように、「すべての幼い子供にとって共通のこと」なのだろうか。同性の親を「邪魔だ」と感じて排除したいとまで思わせるような魅力を、子供は皆、異性の親にたいして感じるのだろうか。この仮説は一九〇〇年に『夢判断』の中で公表される。この仮説を次のように言い直すとよいかもしれない。つまり、子供は皆、男子は男性的モデルと、女子は女性的モデルと同一化する必要性を感じるのではないか。この同一化は、異性の親との関係の中で、最もはっきり表われるのではないだろうか。

キーワード＜同一化、私＞

44 シシュポス

ギリシャ神話において、アイオロスの息子シシュポスは、コリントスの創建者で、術策と略奪に長けている（この点において、彼をオデュッセウスの本当の父とする解釈もいくつかある）ことで有名である。ハデスの王国のために彼を探しに来たタナトスを鎖につないで神々をだましたという罪で、彼は永遠の責め苦に処されるのだが、作家アルベール・カミュはそれを、再び転げ落ちる運命にある岩を毎日山の頂上まで転がして登るという人間の条件のイメージに変えた。というのも、一九四二年に『シシュポスの神話』において、カミュは不条理の最初の定義を行なうのだ。不条理は「人間的な呼びかけと世界の不合理な沈黙のあいだの対立から生まれる」。彼は付け加えて「不条理、それは自分の限界を確認する明晰な理性である」とする。

われわれの日々の行動は、そのように意味のないものである。そして私の理性は、自分が日々の行動に本当の意味を与えることができないと知る。私が目的あるいは意味として設定するものは、まやかしでしかなく、まさにその空虚さを私に甘受させるためのものである。人間の偉大さは、この明晰さの中、この「条件」（つまり、何者も逃れられない状況）を受けいれるということの中に見出されるべきなのだ。カミュはこのようにシシュポスの神話を用いながらそれを曲解する。なぜなら、カミュはその神話から「処罰」としての次元を取り除いてしまうからである。というのも、当然、ギリシャ文化の厳密な枠組みの中でのシシュポスの罰は、『異邦人』の著者〔カミュ〕が為したことと反対で、きわめて多様な意味を孕んでいるからである。

キーワード〈人間の条件、宿命〉

45 テウト

「文字には〔……〕重大な欠点があり、しかもその欠点は絵画にも見つかる。というのも、絵画が生み出すものは生きているかのような様子をしているが、質問をすると、それらは毅然として沈黙を守るのである。同じことが、書かれた言葉についても起こる。それらは分別のあるもののように語りかけると思われるかもしれないが、言うことを理解しようと思って問いかけると、それらはいつも同じひとつのものを意味するだけである。[1]」

（1）前出参考文献【9】。

プラトンはここでエジプト人の文化から拾ってきたと思われる神話を紹介しているが、気をつけねばならない！　おそらくこれは純粋なソクラテスの作り話であり、それについて数分前にパイドロスが、ソクラテスはどんな国の伝説でも容易に考えつくことを強調している。つまり模倣《パスティッシュ》と偽造《コントルファソン》は、有名な「シビレエイ」〔ソクラテスのこと、プラトンの『メノン』において譬えられる〕が用いる無意味な言葉の武具の一部なのである。

神テウトは、技術者で、彼は人間の生活を容易にするための方法と技術を作り出し、それらを王タモスに差し出す。彼の発明の中に、文字がある。しかし、王は次のように慎重な態度を示す。つまり、文字は表面的にしか人間の役に立たない。というのも、文字は記憶の規模と効果を増大させて、記憶するのに役立つかのように思われるが、まったくそうではなく、反対に文字は人を「忘れっぽく」させ、記憶を破壊し、記憶を養わない。

したがって技術は、われわれを解放するのと同じだけ、われわれを隷属させる。進歩はつねにより大きな依存という代償を払うのである。

キーワード〈依存、進歩、技術〉

46 夜警

「最小国家より広いあらゆる国家は、個人の権利を犯す。したがって国家の役割は、夜警の役割にとどまらねばならない。[1]」

（1）参考文献【15】。

ロバート・ノージックは、『アナーキー・国家・ユートピア』の中で福祉国家を激しく非難したリバタリアンで、一九七四年に、国家をしかるべき場所に退去させるため、決してすれ違うことはないが、休息のあいだの安全を守る者である夜警という隠喩を提示する。夜警は、昼間は無益で、夜間は不可欠だが、介入するのは例外的な場合——まさに緊急の場合——にとどまる。

夜警は、日中は眠っている。夜警も休まなければならない！ 国家の存在を可視化してしまうような制服は街中にはなく、「ありがたい」雰囲気を国家に与えるような公衆へのサービスもなく、国家を泥棒にしうるような税金もない。最小限の使用のためのロー・コスト国家に、そして独立し、責任を持ち、あらゆる形の外部からの統制から完全に自由な市民社会にとどまるのだ。

キーワード〈国家、自由〉

47 無知のヴェール

やはり社会正義の樹立を視野に入れた考察という観点から、ジョン・ロールズは『正義論』の中で、社会組織を決定しなければならないすべての人を覆うべき、無知のヴェールの寓話を考案する。確かに、そうした人びとは、社会の運営においてみずからの利益と立場を無視し、忘れなければならない。

市民が自分たちの共通の運命を決定する民主主義において、人びとは皆、自分に利益を与えるかもしれないし、与えないかもしれないものを、あたかも知らなかったかのように振舞わなければならない。こうした状況において、人びとは可能な限り最も公平な措置を取ることに非常に関心を持つ。無知のヴェールは、自由で平等な個人が、公正な秩序を確立することを可能にし、その秩序の中では、まさしくこのヴェールの原則にしたがって、たとえばいくらかの不平等でも、それが正当であるという理由で制度化するのが必要だということが明らかになる。

応用。最も貧しい人びとにたいして、存続と収入の最大化を可能にするために、社会手当ての政策を打ちたてようとするのは正しい。これは、「マキシミン」原理といって、最小のものを最大化する策である。自分の将来の社会的地位について、確かにこの無知のヴェールに覆われていると、関係者は皆、自分がいつか恩恵に浴するかもしれない措置を確立することに関心を持つはずだ。無知のヴェールは、イメージや神話以上のものであり、これは、社会の再配分の政策が、何よりも、そしてイデオロギー的な対立を超えて合理的なものである、ということを意識させるための教育学的方法である。

キーワード〈公平、正義、自由〉

作中人物というのは仮面のようなものである。「～を介して聞かせる」という意味のラテン語、ペル・ソナーレが語源であり、古代の役者たちが、真の拡声器として用いた仮面の使い方を思い起こさせる。それゆえ、作者が作り上げたこの作中人物は仮面と拡声器という二つの役割を担う。作中人物はみずからを隠すことによって、よりよく理解させるのである。

作中人物の固有名詞が一般名詞となるような効果を発揮する虚構作品もある。こうした現象は、修辞学では換称法《アントノマーズ》という文彩《フィギュール》として識別されている。

48　バットマン

一九三九年、ボブ・ケインとビル・フィンガーは新しいヒーローを考え出した。ブルース・ウェインは、ゴッサム・シティで最も巨大な資産の若い相続人で、両親を暗殺された後、執事のアルフレッドに育てられる。

この案の独創性は、当然ながら、新たな犯罪が出現するや否や、休むことなく両親の死の復讐をすることになる、仮面をかぶった正義の味方という人物像の再来にあるのではなく、むしろ「スーパーヒーロー」などではない、他の人と何ら変わりない登場人物の複雑さにある。まず、彼はコウモリを想起させる衣裳に身を隠すことにするのだが、コウモリというのは洞窟に隠れる不気味な夜行性の動物で、闇の世界や不安な局面を連想させる。スーパーマンの衣裳や、ある意味ではスパイダーマンの衣裳がアメリカの色を誇示するとしたら、バットマンの衣裳は闇の世界への帰属を告白するものなのだが、そもそもその闇の世界は、バットマンが追跡するジョーカーやペンギン、キャットウーマン、トゥーフェイスといった創造物たちに捧げられている。いわゆる正義の味方と敵たちのあいだにはほとんど共有されないはずのこの「同類意識」は、すべての登場人物に共通する二重の性質と、トラウマとなった過去の出来事から彼らが持ち続けている傷によって、強調されている。

他方で、ブルース・ウェインは、決定的な特権となるような並外れた「超能力」を持っていない。彼はただ単に莫大な財産を保持し、それを実用性に乏しい器具の発明や製作、さらにはきわめて精巧な技術に役立てるだけである。もしバットマンにバットモービルがなかったらどうなるか。見方によっては、バットマンは道具や物の世界に属し、理想よりも付属品《アクセサリー》――副次的なものか？　――を大切にする。彼は未来のジェームズ・ボンドと同様に、黒いケープや同じく黒いタキシードの皺を気にするように、車のボディに対する美学やリモコンの先端テクノロジーに気をもむような、男性特有の軽薄さをすでに持っているのだ。

キーワード〈英雄、正義〉

49　ビッグ・ブラザー

「偉大な兄弟（ビッグ・ブラザー）」〔ジョージ・オーウェル『一九八四年』の作中人物〕とは何者か。オセアニアという一党独裁体制の広大な全体主義国家では、あらゆる壁がこの「偉大な兄弟」の肖像で覆われている。

ジョージ・オーウェルが一九四八年に構想したこの寓話は、ソヴィエト社会主義連邦の体制に想を得た「ディストピア」の概念を作家が発展させる機会となった。ウィンストン・スミスとジュリアの禁じられた恋愛は、嘘と欺瞞に満ちた世界を描く契機となる。この世界では、言葉は反対の事象を意味し――「戦争は平和であり、平和は戦争である」――、歴史はたえず改竄され、反論はすべて不可能で――反体制派を象徴するエマニュエル・ゴールドスタインは体制の産物である――、あらゆる主体性がくじかれ、個性はすべて押しつぶされる。

したがって、ビッグ・ブラザーは個人崇拝を持続させるために作りあげられた虚像である。またすべてを管理し、「パノプティコン」〔一目ですべてが見渡せる建築の様式〕的で詮索するような視線の象徴でもある。ビッグ・ブラザーは、社会を監視カメラの下に置く。実際にわれわれの時代は、ジル・ドゥルーズやミシェル・フーコーが「管理社会」と呼んだような社会であり、携帯電話やクレジットカードなどの「追跡可能性」がその例である。オーウェルの寓話は予言的であり、われわれ自身のことを語っているのだ。

さらに、こんにちいっそう驚かされるのは、ビッグ・ブラザーの名前がさまざまな言語で——たとえばスペイン語でグラン・ヘルマノ——、「リアリティ・ショー」と呼ばれるようなテレビ番組の中に散見されることだ。数人の志願者が大きな一軒家に閉じこめられて二十四時間撮影され、何百万人もの視聴者が、自分と似たような人間たちの自分と似たような日常のあり様を見て楽しむのである。プロデューサーたちが選んだオーウェル風の番組名は、ある人びとのシニシズムと、その他の人びとの教養の欠如を物語っている。なんという告白だろう！

キーワード〈イメージ、プロパガンダ、全体主義〉

50 シャルロ

演じる役柄と完全に同一視される独創的な俳優、チャーリー・チャップリン——チャールズ・スペンサーの仮面——は、七〇本を超える映画で彼に伴走したシャルロ〔チャップリン映画の主要人物「小さな放浪者」のフランス語圏での呼称〕という登場人物なしには、存在しなかっただろう。ロマンティックな道化、放浪するパントマイム役者、人がよくバカ正直で、繊細で気の弱いいたずらな浮浪者であるシャルロは、優雅で詩情あふれる軽妙さを持ち、深刻な問題を軽やかに扱えるようなビュルレスク的〔高尚な題材と卑俗で砕けた調子との対照で面白みを出す文学様式〕素質の体現者である。シュールレアリストたちやアンリ・ミショー（彼が創造したプリュームという作中人物は、多くをシャルロに負っている）が彼の中に自分の片割れを見たというのは興味深い。

「ダダイストで、衝動的で、素朴で、超然とした性格、チャーリーはころころ変わる、彼はすべてにおいて失敗し、あらゆる所から閉め出され、すべての人を敵に回すそれゆえに、彼はとめどもなく並外れた笑いを誘うのだ。[1]」

（1）参考文献【16】。

シャルロは食い違いを、とくに現在という時間とのずれを表現する。大きすぎる靴や浮浪者然としたくたびれた衣服、山高帽、ステッキ、フロックコートは、落ちぶれた栄華、今はもう見出せない過去の栄光を示している。「現代性はわれわれにはそぐわない」と、チャップリンは《モダン・タイムス》の中で予定されていたかのように明言する——一九三六年という不況の時代だったが、なによりこの作品は、録音帯が発明されてから九年後にして、チャーリー・チャップリンの初めてのトーキー映画なのである。

キーワード〈現代性、進歩、技術〉

51 ショーヴァン

「（ニコラ・）ショーヴァンは、ロシュフォール生まれのフランスの兵士で、革命戦争とナポレオン戦争において一七回負傷した。勇敢さはさることながら、祖国愛とナポレオン賛美に真っ正直に熱狂していたことで、軍隊中で有名になった。[1]」

（1）参考文献【17】。

「盲目的愛国心《ショーヴィニスム》」という名詞はというと、一八四五年に作り出され、一八七九年に『アカデミー・フランセーズ辞典』に掲載され、次のような定義が付される。「フランス軍の栄光に熱狂した気持ちを物笑いの種にしようとして用いた、非常に砕けた言葉」。

ショーヴァンという人物像は、忠誠心と祖国愛を表す寓意から、まさしく風刺に変化した。その結果、語彙化して一般的な形容詞になった「ショーヴァン」という語は、いまや愚かさの表明となるほどに、無条件に愛着することの行き過ぎやばからしさを意味する。こんにち、盲目的愛国心は情熱というものの強みと弱みを孕んでいる。つまり、それが祖国への情熱なのである。しかし気をつけねばならないのは、情熱の本当の性質が、曲解された言葉の使い方によって隠されていることである。というのも、その用法が思わせるのとは反対に、盲目的な愛国主義者《ショーヴァン》の態度は防御的なものではない。もちろん自分の「盲目的愛国心」を主張することは、万難を排して祖国への愛を守ることである。そこには、極端に優先的な愛着を読み取ることができる。しかし、それは単なる「優先権」ではない。ニコラ・ショーヴァンは兵士、しかも最も好戦的な人物の一人だった……。このように盲目的愛国心は、本来、直接的な意味でも比喩的な意味でも攻撃的なものであり、「帝国主義的」なのである。

キーワード∧国民、祖国愛∨

52 ジキル博士

ヘンリー・ジキルは善良な医者だが、自身の配合した薬の効果により、激しい欲望を抱き乱暴で怪物のような分身であるハイド氏に変身する。

スティーヴンソンは一八八六年に、二重人格という概念を用い、世間体の裏に隠された顔を、ある言葉遊びにちなんで〔「ハイド氏」と「隠す《ハイド》」〕明らかにする。人は皆、自分の中に併存する善悪の葛藤に苛まれており、裏と表がある。この作品は、フロイト――当時、医学の勉強をやっと終えたばかりであった――の発見を予告しているのだが、それ以上に、科学が社会に及ぼす危険性にたいして、表現力豊かに警戒を呼びかけたメアリー・シェリーの小説『フランケンシュタイン』の書き換えでもあるのだ。

キーワード〈善と悪、科学〉

53 ドン・ファン

近代が生み出した神話は少ない。『フランケンシュタイン』でさえ書き換えであり、「現代のプロメテウス」という副題が、それを包み隠さず示している。近代の神話的な創造物は、ファウストとドン・ファンという二つの名前にかぎられる、とする批評家もいる。この二つの人物像は、古代世界にはたしかに相当するものがない。実際に、一六三〇年にティルソ・デ・モリーナ〔スペインの劇作家、一五七九～一六四八年〕が『セビリャの色事師』のために用いるとしたら、どんな古典の原典があっただろうか。

しかしながら、ドン・ファンという人物像の起源はもともと、テノーリオ某という人物にあった。

この人物は十四世紀にウルロアという名の騎士団長を殺したのだが、その前にテノーリオは彼の娘を誘惑していた。これは少なくとも、セビリャの年代記が証明することである。モーツァルト、メリメ、ボードレール、バイロン、コルネイユそしてモリエールが、これを下地にしてさまざまな形態を作り、成功させたことが、この人物像に普遍的な価値を与えることになる。

近代を魅了したと思われるさまざまな側面を持ったドン・ファンの特徴とはなんだろうか。この神話の最も洞察力の優れた読解を行なったのは、おそらくキルケゴールだろう。このデンマークの哲学者は、美的段階〔倫理的段階と宗教的段階とともに人間の「実存の三段階」をなす〕と彼が名づけるものの表象をそこに見る。実際に、ドン・ファンは感覚の人、束の間の人、この瞬間の即時の人である。だからこそ彼は約束を守らず、昔のことを覚えてもいないのだ。ドン・ファンは過去を忘れ、未来を気にせず、現在にのみ生きる。このように、彼は快楽主義で、無知で、ためらいのない近代的個人の先駆となる。しかし、ドン・ファンは欲望の力をも体現する。「彼は、それぞれの女性に女性的なもののすべてを望むのだが、そこにこそ肉感的な理想化を行なう力があり、その力で、ドン・ファンは獲物となる女性を美化すると同時に征服するのである。この巨大な情熱の反射が、欲望の相手を美化し高めるので、この相手はすぐれた美として自分の姿が映し出されるのを見て、顔を赤らめる。(1)」

(1) 参考文献【18】。

一瞬のあいだ、一人の女性はあたかも自分が唯一でかけがえがなく、必然的であるかのように、あたかも自分が女性「そのもの」であるかのように、愛されていると感じる。これがドン・ファンが繰りだす誘惑の奥義である。部分を全体として捉え、個別性――女性と瞬間――に普遍の形を与えるのだ。

キーワード〈欲望、美学、瞬間、現代性、誘惑〉

54 ドラキュラ

一八九七年にブラム・ストーカーが生み出したドラキュラという人物像は、ピューリタニズムの重圧に苦しめられていたイギリスにおいて、読者に格好の逃避材料を提供したのだが、それは怪奇幻想や異国趣味という範疇のみならず、――常軌を逸した視点だが――吸血鬼の口づけがもたらす禁じられた悦楽、秘めやかな陶酔の物語をつうじてであった。ストーカーは歴史上の人物から想を得ており、杭による拷問を捕虜に科すなどの残虐行為で名高い、十五世紀のワラキア公ヴラド・ツェペシュがそれに当たる。

しかし、ストーカーがとくに題材を求めたのは、文学作品なのである。バイロン卿の原案に基づいてジョン・ポリドリが書いた『吸血鬼』によって、新しい作中人物が作り出され、こんにちまでそれを文学が引き継いでいる。「竜」を意味するドラキュラは、道具一式――にんにくや杭や聖水――や、風景――トランシルヴァニアの森、ゴシック様式の城、切り立った山――や、特異なバイオリズム――日中は地下室の棺桶におり、夜は喉の渇きを癒すために人びとの頸部に嚙み付き、永遠に彷徨う――を、長いあいだ世に知らしめてきた。

吸血鬼神話がとくに興味深いのは、その寿命の長さ、あるいはそれが刷新されたり、新しい読者をつくりだしたりする力である。こんにち、ステファニー・メイヤー──『トワイライト』──の若い読者や、テレビシリーズ──『バフィー』、『トゥルー・ブラッド』──のファン、さまざまな映画──『ノスフェラトゥ』、『吸血鬼、ドラキュラ』、『アンダーワールド』など──のファンたちが、ブームを先導し続けている。それは吸血鬼が、反逆し抵抗する者という原初のロマン主義的性質を持ち続けているからである。昼の社会や、その規則や価値観の拒絶を、吸血鬼は体現しているのである。吸血鬼は過剰の中で生きていることを感じ、制限された行動の中で自己を主張し──それ以上に「きわどい」行動というのは難しい！　──、快楽の原理を要求し、排除されていることを自覚し、夜や黒色に自己の拠り所を見出すのである。要するに、危機に瀕した完璧な「思春期」なのである。

キーワード〈欲望、幻想、違反〉

55

ドン・キホーテ

「『ドン・キホーテ』は最初の近代作品である。なぜなら、同一性と相違性の厳格な理論によって、記号と相似が際限なく弄ばれるのが見られるからである。また、言語はそこで、古くからの物との類似性を打ち砕き、単独支配を始めるからであり、その後、言語が生硬な実体としてそこから姿を現わすことは、文学以外においてはない。またさらに、類似というものが、みずからにとって非理性と空想の時代をそこで迎えるからである。[1]」

（1）参考文献【19】。

ミシェル・フーコーは『言葉と物』という論考の有名なくだりで、一六〇五年に理想の探求についての悲壮的な新しい一面を知らしめたセルバンテスの小説の重要性を、このように強調している。本名をアロンソ・キハーノ、ラ・マンチャのドン・キホーテと名乗る「憂い顔の騎士」は、風車を一刀両断にし、時代錯誤の騎士道的理想を支持する。

ドン・キホーテは狂人なのか。書斎にひしめくあらゆる騎士道物語を読みすぎて、それが想像の世界にこびりつき、病気になってしまったのか。結局のところ、そのようなことはたいして重要ではない。確かに、彼は戯れており、その戯れに熱中している。しかし、本質はこの点にではなく、抵抗にある。すなわち、ドン・キホーテは、みずからを現実そのものとみなす欲望の権利を守るために、究極の闘争を始めるのだ。彼は現在を拒絶して、そもそも実在しなかった、神話上の架空の過去、近代がまさに消し去ろうとしているひとつの起源の価値観を守ろうとするのである。

彼の後に誰がこの探求の跡を継ぐのだろうか。近代のドン・キホーテとは誰だろうか。セルバンテスの正しさを示すある「冗談」が答えとなる。ラ・マンチャの乾燥した台地から離れたところ、地方の小さな町――ヨンヴィル・ラベイ〔フロベール作『ボヴァリー夫人』の舞台となる架空の町〕――の、薬局の近くにその答えを探さねばならない。女の名はエンマ・ボヴァリーという。

キー・ワード∧観念論、真実、美徳∨

56 ファントマ

じつに大衆的な人物像であるファントマは、一九一一年、ピエール・スーヴェストルとマルセル・アランの想像から生まれ、それから数か月後には映画化され（ルイ・フイヤードの初期の映画は一九一三年から撮影され絶大な人気を博した）、シュールレアリストからは、たとえばマルドロールのような魅惑的で、極めて悪魔主義的な暗黒の美を認められ、絶賛された。その上、連続小説の主要人物が「悪漢」というのも珍しく、ファントマの場合は「全時代をつうじて最も手強い犯罪者」なのである。

ファントマの特異性は、彼に立ち向かう多くの心惹かれる人間たちの団結で、より強くなる。ファントマを追跡する（そして彼と兄弟である）治安警察の警部ジューヴや、ファントマの娘であり彼の唯一の弱点であるエレーヌの恋人で、ジューヴを助ける、抜け目のない若手ジャーナリストのファンドールなどがそうである。ファントマの敵が数多くいるのは、彼らが戦う悪そのものの表出の仕方が多種多様だからである。実際に、ファントマはよく姿形を変える。彼の顔は「山ほどある」のだ。

キーワード＜英雄、悪＞

57 ファウスト

ファウスト博士なる人物が、第二の人生と引き換えにどのように悪魔に魂を売ったのか、ということを伝えるこのドイツ民話の起源には、おそらく実在の人物がいる。博学な男だが、クラクフで黒魔術を勉強した後に実践したと糾弾され、一五三八年に謎めいた状況のなか、シュタウフェンで失踪した。

ファウストは、彼と取り引きした悪魔メフィストフェレス——ギリシャ語の「悪臭《メフィティス》」から——の姿と結びつけられ、悪にそそのかされ、傲慢と、すべてを知りたいという欲望に誘惑された人間の象徴であり、そこには現代性が見出される。

この神話は、クリストファー・マーロウが戯曲にした後、ゲーテが手がけた作品と、ネルヴァルによるドイツ語からフランス語への翻訳の力を得て、大躍進を遂げた。

キーワード〈現代性、契約〉

58 フランケンシュタイン

小説自体よりさらに驚くべきなのは、作品が構想され、執筆された状況が、ロマン主義的な狂気の様相をおびており、この陰鬱な放浪者たちの神話を育んでいることである。放浪者であるこの湖の詩人たちは、激しい熱狂や動乱を生み出すのだが、シャトーブリアンは自作の主人公ルネのように、それに対する猛烈な欲望を告白する。

十六歳のある少女〔メアリー・シェリー〕が異母妹のクレア・クレアモントと、恋人のイギリス詩人であり、長いあいだ札付きの放蕩者として知られていたシェリー（彼はメアリーを元妻に認めさせ、三人で所帯を持とうとして、元妻を自殺へ追いやった）とともに——父の意向に反して——逃亡する、そんな少女を想像してほしい。三人は、レマン湖のほとり、ディオダティ荘というバイロン卿の家に泊まっていたが、バイロン卿は狂ったようにクレアに夢中になる。季節が悪く、絶え間なく雨が降っていたため、バイロンはゴシック怪奇譚の「コンクール」を提案する。当時はまだシェリー姓ではなかった若いメアリーが、ヴィクター・フランケンシュタインという人物を作り出したのは、このときである。バイロンとシェリーという怪物的天才たちの存在に触発され、阿片の影響の下、この若い女はSF小説の最初のものとして小説の基礎を築き、最終的にシェリーと結婚した後、一八一八年に完成させる。産業革命の黎明期という状況と、他方で完全な個人の解放が背景にあり、メアリー・シェリーがどこから題材を汲んだかが理解される。

これは入れ子構造になった小説である——ロバート・ウォルトンが北極へ踏査に行く際に、フランケンシュタイン博士の証言を記録した物語だが、フランケンシュタイン博士は自分の幸福、近親者の生命、自分の存在を、ある創造物のために犠牲にし、その創造物に雷を使って命を与えた——。このように、メアリー・シェリーは、博学な狂人という人物像を作り出した。自分は神と同等であると思い込み、こうして生命のない物体に命を与えるという傲慢な狂人である。メアリーは科学的野心と、おそらく無限を求めることとの行き過ぎを感じ、その直感を育んだのだが、それは、ドイツ人哲学者のエドムント・フッサールが、一世紀後に西洋的意識の特徴と見なすようになるものである。

キーワード〈極端さ、無限、ロマン主義、科学〉

59 ガヴローシュ

「俺は地面に倒れた、

それはヴォルテールのせいだ、
どぶに鼻をつっこんで、
それはルソーの……」

反乱を起こした者たちの死体から弾薬を集めてバリケードに上った男の子は、歌を歌い終えることがなかった。今度は彼が、胸の真ん中に弾丸を受けて死ぬからである。このようにしてヴィクトル・ユゴーは、一八三二年六月六日、共和制支持者の蜂起の日、ラマルク将軍の埋葬の翌日に、サン＝メリ街のバリケードの上でガヴローシュを死亡させた。

ガヴローシュは、『レ・ミゼラブル』の中では脇役でしかない。テナルディエ夫妻の息子で、両親から逃げるために街角で生活する。事実上、ガヴローシュは、パリの精神を体現している。「パリには子供がいて、森には鳥がいる、鳥は雀と呼ばれ、子供は腕白小僧《ギャマン》と呼ばれる。」

ユゴーにとってガヴローシュは「腕白小僧《ギャマン》」を代表しており、この言葉は当時「街角で遊んで暇をつぶす子供(1)」を意味した。しかし、前面に出てくる他の登場人物の中でも、ガヴローシュの人物描写の印象が非常に強いため、ついには人物が完全に小説と一体化する。スペインの悪漢小説が十七世紀に確立した、抜け目のない浮浪児という人物像に、ユゴーは寓意的な次元を付け加えることによってそれを再創造した。ガヴローシュ、それは街角であり、つまり都市の民衆の代表なのである。彼は、愉快で単純で、のんきで気前よく無邪気な、犠牲者なのである。

（1）参考文献【20】。

キーワード〈子供、民衆〉

60 ゴーレム

グスタフ・マイリンク〔オーストリアの作家、一八六八～一九三二年〕という小説家によって世に広められたゴーレムの伝説は、ユダヤの民間伝承に属する。この伝説は、十五世紀に生まれ、プラハのマハラル〔ラビ〕であるイェフダ・レーヴが、土でできた創造物に魔法を使って命を与えたことを物語るのだが、ゴーレムは、町中の犯罪を見つけ、それらを予防しに行く役割を担っていた。このゴーレムという言葉――イディッシュ語で「繭」を意味する――は、カバラ学者によるとアダム以前に生きたとされる、次のような未完成の、ほとんど輪郭だけの存在を指し示す。EMETH――ヘブライ語で「真実」を意味する――という言葉をラビが書き込んだ羊皮紙の一片があれば、創造物に命を吹き込むことができる。イニシャルの「E」を消すなどすると、ゴーレムはふたたび生命のないものとなる。伝説では、ゴーレムは創造者から逃れ、創造者はもはや自分の創造物をコントロールできなくなる。そしてゴーレムは、安全な者から恐ろしい者となるのである。

民間伝承から発生した創造物ゴーレムは、つねに自分たちを超えてしまうことになる力を制御したいという人間の幻想と思い上がりの具体的事例なのである。

キーワード〈創造物、幻想、民間伝承〉

61 さまよえるユダヤ人

「一八〇〇年前から、休みなく、
あらゆる国の天の下、いつも戻ってくる老いた通行人の姿で
道行く人びとを驚かせながら
アハシュエロスは歩いていた、頭も足も重く。(1)」

（1）参考文献【21】。

中世から流布してきたこの神話の起源は、十字架を背負って歩いた道の途中で、イエスに唾を吐き、助けを拒んだエルサレムの靴屋、アハシュエロスの物語である。彼は永遠にさまよう刑に処される。この神話は、とりわけ一八四四年にウージェーヌ・シューの小説の効果で勢いを増した。すぐさま人気を博す。この伝説は、著者たちにとって、反ユダヤ主義を「正当化するような」説明的な物語の性質を持っている。ユダヤ人たちは非難され、そして彼らが被害者となったあらゆる形の排斥が、イエスに対するエルサレムのユダヤ人たちの態度によって正当化されるようだ。したがって、「さまよえるユダヤ人」の神話は、ユダの裏切りとイエスの裁判の状況を統合する仕掛けのひとつとなる。

キーワード＜排他＞

62 K

頭文字の大文字である、たった一文字Kは、カフカの作品の中で二度ほど小説の主要人物を示す。すなわち『城』のKという測量技師と、『審判』の主人公、ヨーゼフ・Kである。換喩による固有名詞の縮約は、存在論的で詩的な別の縮約を予告している。言わば、たった一文字にされたカフカ作品の登場人物は、小説的な厚み、つまり「心理的な量感」を失っているのである。紙面を通り過ぎるこのはかない影は、ただの様式化ではなく、あらゆる自己同一性が消滅した世界、似たような空虚な個人であふれた世界、もはや登録簿の中に名前に結びついた序列番号しか記載されないような、うつろな人びと〔T・S・エリオットの詩の題〕の世界をも指し示している。しかし、実際にKという名前が何も意味しないとしても、それにもかかわらず依然として、KはJとLのあいだにあるという分類が可能だ。見捨てられたこの世界に残るものとは、秩序と管理と、それ以降唯一の市民的および政治的現実を形成する、度を超した国家組織だけなのである。

Kの「人物像《プロフィール》」はというと——なぜならそれしか問題にできないからなのだが——、受け身で自己の実存を欠いた人物に相当する。当然、これは二十世紀の小説——カミュの『異邦人』から安部公房の『砂の女』まで——の「不条理の主人公たち」を予示しているのだが、これらの主人公たちは、本当の意味で驚くことは決してなく、異常な物事を平凡化するあらゆる形式にたいして準備ができており、状況に従順なのである。

キーワード〈不条理、凡庸、国家、現代性〉

63 ミッキーマウス

ミッキーは、もしかしたらオズワルドかモーティマーという名前のウサギだったかもしれなかった。これは作者のウォルト・ディズニーが言ったことだが、一九二八年に彼は、子供の想像界を魅了しようと、白い手袋をした小さなネズミを生み出した。

漫画やアニメの世界にあふれるミッキーという肖像については、次の点以外は言うことはほとんどない。つまり、この透明さ――あるいはむしろこの純化された状態――のおかげでミッキーは普遍性を増した。事実、ミッキーには立体感がない。登場した最初の頃は立体感があったにしても、作者ディズニーは徐々にミッキーを平板化していった。こんにちミッキーは、もっぱらプルートやドナルド、ミニーマウス、スクルージ・マクダックといったミッキーをとりまく非常に特異な者たち皆にとって、意義があるのだ。したがって、ミッキーは「親分」ではないにしても、少なくとも集合標識であり――顔に大きいひとつの円、耳に小さい二つの円という三つの円を集めた図に要約できる――、赤いフロックコートと白い手袋の主人であり、白雪姫からバズ・ライトイヤーまで、子供時代へのノスタルジーを保ち続ける、すてきなキャラクター世界の受付係なのである。結局、ミッキーは自分の天命を見つけ、ホテルとテーマパークの支配人となった。英語ではホテルとテーマパークをリゾートというひとつの言葉で表わすことができる。

というのも、賢明な実業家である彼は次のことを理解したのだ。数時間あるいは数日間の滞在中に、人の心をとらえる楽しい音楽が魔法のように鳴り止まず、回転木馬がたえず回り、強い刺激がまったくの安心感の中で与えられるような虚構の世界――要するに、われわれが幼年時代に聞いた美しい物語の登場人物があふれるパラレル・ワールドである――に入る贅沢を提供するということ、それが「値段のつけられないほど価値がある物だ」ということを。

キーワード∧幸福、子供、レジャー∨

64 ナナ

ナナは、ジェルヴェーズとクーポーの娘である。彼女は、『居酒屋』に初めて登場するが、小説家エミール・ゾラによって、生まれは一八五二年に設定されている。彼女の短い生涯――彼女は一八七〇年に天然痘で死亡する――の物語は、一八八〇年に出版された小説の中で語られている。その小説は大好評を博し、出版年に売れた部数が一〇万部に達しただけでなく、アンナという名前の愛称である主人公の名前が、身持ちの軽い女を指す砕けた慣用語として通用するまでになった。

主人公の名前を表題にした小説『ナナ』は、まさしく男性の欲望の対象となり、愛の寓意としての若い女の歩みを生々しく描く。ナナは作品の冒頭で、ヴィーナスという「肉体的」な役柄で舞台に登場するのだが、このヴィーナスはその後、愛人たちを文字通り狂人にして、破滅や自殺に追いやる。物語の頂点は、ナナと同じ名前をもつ若い牝馬が待望のレースに勝ち、競馬場全体が皇帝〔ナポレオン三世〕の前で「ナナ!」と叫ぶときに迎えられる。彼女の運命はこのように、第二帝政の運命と結びつけられていて、ナナはその表象あるいは寓意となって終わる。つまりプロシアへの宣戦布告とともに死ぬのである。

よくあるように、フィクションが現実を超え、モデル――女優ブランシュ・ダンティニー――が馴染みとなった登場人物ナナの背後に隠れるのだが、人びとはあまりにもしばしばその結末を忘れてしまう。というのも、ナナの死は、第二帝政の真実、つまり腐敗を明らかにするのである。ナナの艶やかな体の豪華な見世物で小説が始まるとしたら、最後のページに残るのはやつれた顔だけだ。「それは、そこに、クッションの上に放り出された死体、体液と血の山、たくさんの腐った肉であった。膿疱が顔中に広がり、吹き出物が重なりあっていた。膿疱はしおれて、へこんで、泥のように灰色がかっており、彼女は、輪郭を見出せなくなった醜いごちゃ混ぜの上では、すでに土に生えた黴のようであった［……］。彼女がどぶの中に捨ててあった腐った肉から持って来たウィルス、彼女が人びとに盛った毒が彼女の顔に這い上がり、顔を腐らせたようだった[1]。」

（1）参考文献【22】。

キーワード〈寓意、腐敗〉

65 ピーター・パン

二十世紀初頭に、J・M・バリーの空想から生まれたピーター・パンという人物像――『小さな白い鳥』という短編小説の主人公で、次いで長編小説、ミュージカルへと翻案された――は、ウォルト・

ディズニーと翻案された同名のアニメーションのおかげで、われわれの文化に強い印象を与えた。ネバーランドという「想像の国」に住む者は、われわれにとって、ピーター・パン・コンプレックスに特有の、成長することの拒絶と大人の世界の拒否を具現化する。ウェンディやお供の子たちといっしょに経験する冒険、フック船長との戦い、こうしたすべての紆余曲折は、大人になる準備をしている良い子の生活に提供される選択肢として、われわれの注意を引くにすぎないのである。

キーワード〈子供〉

66

ラスティニャック

バルザック作品の読者の前にウージェーヌ・ド・ラスティニャックが現われるとき、この若者は二十二歳で、法律の勉強をするためにパリにやって来ており、ラルバレート通り〔ヌーヴ・サント・ジュヌヴィエーヴ通りの誤り〕の「ヴォケール館」に下宿している。『ゴリオ爺さん』（一八三五年）では、ラスティニャックはヴォートランの厳しい監督の下で社会の弱肉強食の掟を知り、ペール・ラシェーズ墓地のゴリオの墓の下に、残っていた若き日の純真さを埋葬する。「そして社会に対する最初の挑戦的行為として、ラスティニャックはニュシンゲン男爵夫人のところに晩餐をとりに行った(1)」。

（1）参考文献【23】。

それ以来、ラスティニャックは『人間喜劇』という企て〔人物再登場を手法としたバルザックの作品群の総称〕における導きの糸のひとつとなる。バルザック作品の舞台で、彼は野心家——出世主義者と言う人びともいる——の役を受け持つ。そして、登場するたびに少しずつ出世階段を上っていく。銀行家でデルフィーヌの愛人（『ソーの舞踏会』）、権力家で臆面のない実業家（『幻滅』、『あら皮』）、大臣（『ニュシンゲン銀行』）、ふたたび大臣にして貴族院議員、そして最後にはデルフィーヌとニュシンゲン男爵の娘の夫（『アルシの代議士』）というように。

教養小説の歴史の中で、ラスティニャックはさらに社会的に出世し、女性と世界を同時に征服するという夢を体現している。スタンダール作品の主人公であるジュリアン・ソレルは——『パルムの僧院』のファブリス・デル・ドンゴもまた彼なりに——というと、そうした企ての終わりに気付く。社会規範を習得することは社会の停滞の原理を受け入れることに繋がるのだ。

キーワード〈野望、学習、成功〉

67 ロカンボール

一八五七年、ポンソン・デュ・テラーユは『謎の遺産』〔邦訳は『遺産二千萬』武田玉秋訳、紅玉堂、一九二一年〕というタイトルの小説で、初めて登場するロカンボールという人物を生み出した。この小説は、こんにちもはや誰にも読まれないが、当時は連載小説として発表され、同じ系譜の数十編の小説という形で、たくさんの続編が生まれることになった。この登場人物は犯罪者で、気が向いたときや、さまざまなエピソードの必要に応じて盗みを働く、多少なりとも正義の味方の盗人で、ロカンボールを名乗るのだが、彼の名前は「荒唐無稽《ロカンボレスク》な」という形容詞のおかげで、こんにちわれわれの文化に生き残っている。この形容詞が彼の固有名詞を隠してしまい、現在、この「英雄」は完全に忘れられてしまった。ところで、たとえばロカンボレスクな冒険とは、どういうときのことを言うのだろうか。それは、予期せぬ出来事がいくつも起こり、また話の論理が狂って、語られた冒険が文字通り信じられないものになるとき、読者が死んだと思った登場人物が予測できないような方法で蘇ったとき、また小説の恣意性と、自分が生み出したものの過去を「忘れてしまう」小説家の健忘症が重なったとき、である。

キーワード〈冒険、想像〉

68

ソクラテス

こんにちでは慣用となったニーチェの表現によると、「書かない人」であるソクラテスは、その通り、自分の代わりに書くという務めをすぐに他人に委ねる。事実、ソクラテスは話し言葉の人だったのだから、それを聴いた人びとだけが本当に彼の思想を知ることができた。そして、おもにプラトンとクセノフォンによって報告された話が、対話の哲人ソクラテスを作り上げるのだが、この「人物像」は、たとえばアリストパネスが『雲』の舞台で提示した人物像のように、架空のものでもある。当然ながら、ソクラテスは紀元前四七〇〜三九九年にアテネに生きた人間で、この没年は、彼がくだんの訴訟の結果、死刑を宣告された年である。もちろん、彼の家族についても分かっており、父ソプロニスコスは職業が石工で彫刻家であり、母パイナレテは産婆で、彼の最初の妻は口うるさいクサンティッペである。もちろん、彼の武勲も知られており、たとえば彼はポティダイアの戦場でアルキビアデスの命を救うのだが……。しかし、彼はアテネの街角で、ただの放浪者として生きたのだろうか。ある人びとが主張するように、彼は銀行家だったのだろうか。彼は具体的に何を教えたのか。プラトンがソクラテスのものだとする話は、彼の思想を反映しているのか。彼は観念論である哲学を作り出したのか。キリスト「以前」と「以後」があるように、ソクラテス「以前」と「以後」はあるのか。

明らかに、哲学史家はソクラテスをひとつの指標としているが、当然ながら、すべての指標は人為的なものであり、構成である。哲学者デモクリトス（紀元前四六〇〜三七〇年）がまさしくソクラテスと同時代人であるのに、前ソクラテス的な人と認識されるとき、これで何を確立しようとするのか。ソクラテスはこんにち未だに、観念論を唯一の真の思想としようとする哲学教育の道具であり続けている。

キーワード∧観念論、哲学∨

69 スパルタクス

正真正銘の反抗のシンボルであるスパルタクスは、ひとつの神話を作るために必要なあらゆる条件を具えている。並外れた短い人生、謎めいた生まれと死、すべてが想像をかき立てる。その結果、三年のあいだ窮地に追い込まれて気を悪くしていたローマ人たちは、おそらく支援軍出身の（脱走兵でふたたび捉えられ、奴隷のように売られたか？）このトラキアの剣闘士が王族の生まれであるとでっち上げた。どこの誰かもわからない男に敗れたという屈辱感を抱かないためにだ。ずっと後になってこの神話が強化されたのは、ドイツの共産主義者が、一九一六年九月、党の機関誌に『スパルタクス』とタイトルを付けることにしたために、彼らが「スパルタクス団」という呼び名を持ったことによる。

こうして、彼らは誤った解釈を犯したのだが、これは、神話が歴史的真実の一部になったという証拠である。というのも、スパルタクスは革命家ではなく、秩序に異議を唱えてもいないのだ。彼の唯一の関心は、彼に同行していた奴隷たちを彼らの生まれた国に連れ戻すことであった。好機が訪れたときにも彼はローマに向かわず、体制を覆そうとも、より正しい国家を打ち立てようとも、奴隷制を廃止させようともしなかった…。スパルタクスは政治的な計画も野心も持っていなかった。ひとりの暴徒だったのである。

キーワード〈抵抗、革命〉

70 タルチュフ

一六六九年にモリエールによって作り出されたこの人物は、次のような同時代の先駆者たちから想を得ている。マセット――マチュラン・レニエ〔フランスの風刺詩人、一五七三～一六一三年〕による偽の女性信心家――、『偽善者たち』に登場するスカロン〔フランスのビュルレスク作家、一六一〇～六〇年〕のモンチュファール――音声的にもより近い――、ラ・ブリュイエール〔フランスのモラリスト、一六四五～九六年〕の『人さまざま』の偽善者であるオニュフル、である。実際に、モリエールの戯曲の副題は「ペテン師」だが、同じく「偽善者」でもよかっただろう。したがって、タルチュフという男は、まず偽善者《イポクリット》であり、この言葉の語源的な意味で「仮面に顔を隠した」男であり、要するに喜劇役者〔ギリシャ語でヒュポクリテスは「役者」を意味する〕である。しかし、モリエール作品において彼が演じる喜劇というものは、偽の信心に関する喜劇であり、その喜劇は、彼がオルゴンに騙されて財産を奪われた上、国事犯として訴えられる金持ち〕の生活と住まいに忍び込み、オルゴン〔タルチュフに騙祭となることを可能にする、トロイの木馬なのである。信仰の人ではなく権力者で、精神主義者というより物質主義者であるタルチュフは、不気味な人物である。最後に王の介入がなかったら、彼はオルゴンを逮捕させ、すべてを奪ってしまっていただろう。したがって偽善は、権力獲得の最も効果的な武器であり、ドン・ファンはそれを忘れずにいるのである。

キーワード〈偽善、権力〉

71　ターザン

ターザンは、漫画〔バーン・ホガースと「コミック・ストリップ」〔新聞などの数コマの漫画〕〕と映画〔一九一二年に小説家エドガー・ライス・バロウズが生み出した人物像を、ジョニー・ワイズミュラーとクリストファー・ランバートが演じたことが記憶に焼き付いている〕に用いられたが、こんにちもなお、現代社会において最も影響力のある伝説的人物のひとりである。ターザンは、野生児の神話と楽園の神話を結びつけ、人間を堕落させ歪める文化を告発することに尽力する。しかしターザンは、狭義では「猿＝人」であり、すなわち当然ある種の男性らしさの表象を伝達する、動物のままの雄だ。支配的な雄ではあるが、ジェインの忍耐力と教育によって統制が可能になる。ターザンはこのように役割の分配に貢献する。男には原始的な力を、女には文化と現実に味つけをする技術、すなわち料理を！

キーワード〈男性らしさ、自然〉

72 タンタン

『ル・プティ・ヴァンティエーム』誌の快活なベルギー人報道記者、タンタンには謎が多い。彼は誰なのか。本当の名前は何というのか。マルタンだろうか。どんな素性なのか。彼が主人公となる物語には、それらについて詳しいことは書かれていない。人物像の着想の源に関しては、さまざまな議論がある。一九八一年に、レオン・ドゥグレル――レックス党運動というベルギーにおけるファシズムの創始者――は、自分の髪型とゴルフ用ニッカボッカがエルジェ〔タンタンの作者〕に影響を与えたと主張した。この情報は、エルジェの近親者から何度も否定された。要するに、観念論者タンタンということか。

初期の作品が、こんにちきわめて批判的な読解の対象となり、また誰も『タンタン、ソビエトへ』や『タンタンのコンゴ探検』を単なる娯楽作品だとは思わないにしても、前記のことはすべて微笑を誘う。いずれにしても、おそらくこの人物像は、いささかの皺もないその顔が思い描かせるほど平穏ではない。もっとも、経験してきたほとんどの冒険の中で、タンタンは、性が関与せず、悪の力が打ち負かされ、弱者はいつも擁護されるような善悪二元論的な世界の真ん中に飛び込んでいる。時間の外で、繊細で充分にアカデミックな画風によって支えられ、安心感のある紋切り型を集めて作った地理の中で、タンタンは、絶対に何も変わることはなく、世界は遊び場であり、歴史は跡を残さない、ということをわれわれに請け合うのだ。

キーワード〈子供、歴史〉

73 ツァラトゥストラ

その名前はギリシャ語の形で――ゾロアスター、「輝く光をもつ者」、「金の星」――よりよく知られているが、ツァラトゥストラは、三〇〇〇年以上前、天国と地獄を持った世界の二元論的な表象を「想像」した。そこでは二つの原理、善と悪が対峙するのだが、つねに至高の神アフラ・マズダが君臨している。これはゾロアスター教を、その始まりからまだ完全にははっきりしない一神教へと進化させることであった。こんにち、一〇万人近くのパールシー〔イスラム教徒に追われインドに移住したゾロアスター教徒〕がいまだにゾロアスター教を標榜している。

われわれの西洋文化において、ツァラトゥストラの像はニーチェの長い哲学詩、『ツァラトゥストラはこう言った』(一八八三〜八五年)を想起させるが、著者によるとこの書物は第五の福音書なのである。

キーワード〈悪、一神教〉

第四章　うわさ

神話《ミット》の言葉は、はるか昔のものであるため、不確かな言葉だとも言える。うわさ、歴史のかす、あるいは狂人の言葉、すなわち「虚言症《ミトマニア》」の言葉がその類いだ。したがって、フィクションの側面が意味作用の必須要素となるような神話や、故意につかれた嘘として読まれるべき神話がある。

74　アトランティス

ポセイドンが作り上げた大陸規模のこの島に関しては、プラトンによっていくらか言及されるのみで、証左は残っていない。「あなた方〔アテナイ勢〕がヘラクレスの柱と呼ぶ通過地点の前に、大きくてすばらしい帝国がある。この帝国は、島全体の支配者であり、他の島および大陸の多くの部分の支配者でもあった。その上、われわれの側では、エジプトまでのリビア、テュレニアまでのヨーロッパを従わせていた。〔……〕しかし、やがて地震や大洪水がおこり、おそろしい一昼夜のうちに、〔……〕アトランティスは海に沈み、消えた」(1)

（1）参考文献【24】。

すべてが超自然的な豊かさと彼方から来た科学技術でできており――かつて、アトランティスの起源は地球外にあるとした「説」を助長するうわさもあった――、完璧な制度を備えていた文明が海に呑みこまれて消えたという話だ。要するに、実在する理想郷への夢は、思想史の中で繰り返されるのである。

この伝説には、紀元前十五世紀に起こった火山噴火の遠い記憶が保存されているのか。おそらく現在のサントリーニ島〔エーゲ海上のギリシャの島〕にあたるテラ島は、巨大な噴火があった場所で、まさしく二〇〇メートル以上の高潮、あるいは津波（当時はツナミという呼び名はなかった）を引き起こした。火山灰の雲はクレタ島にも到達し、アムニソスというクノッソスの港は、桁外れの波によって水没した。

キーワード＜大災害、理想郷＞

75　作者

「この物語が人びとに読まれるあいだに、どのように称賛されたとしても、作者は名乗る決心ができなかった。作者は、自分の名前が自著の成功をおとしめることを恐れた。[1]」最初の心理分析小説の大家は、作品の冒頭で身を隠す。これは恐れからなのか、見せかけなのか、偽りの慎みからなのか、明晰すぎるからなのか。実際のところ、十七世紀には作者の問題は、重要性がなくはないにしても、こんにちよりもずっと軽かった。事実、その時代に、作者が軽視されていたことから、しばしばモリエールやシェークスピアの作品のうちの何作かは、本当に彼らが書いたのかと正当にも問題視する人がいる。ところで、ラ・ロシュフコーがラファイエット夫人に力を貸していたかどうか、また誰か他の者がそこに参加していたかどうか、ということは大して重要ではない。同様に、作者名を知ることで、作品に何が加えられるだろうか。偽名という仮面や、匿名の星印〔匿名にするために星印で名前の文字を隠す〕があるからといって、作品の良し悪しは変わらない。執筆者がポルトガル人の尼僧だったとしても、作品を考案しながらも署名することを拒んだギユラーグ〔『ポルトガル文』を書いたとされるガブリエル・ギユラーグ、一六二六〜八五年〕だったとしても、結局、これらの手紙が感動を与えることには変わりはない。ラブレー〔フランスの作家、一四八三?〜一五五三年〕——またの名アルコフリバス・ナジエ——からギャリ＝アジャール〔ロマン・ギャリとエミール・アジャールの二つの名で活動したフランスの作家、一九一四〜八〇年〕まで、多くの作者が、自分の作者名や、作者自身の身元や、その必要性と戯れてきた。

（1）参考文献【25】。

ところで、作者名が出版社にとって「著作権使用料」——十八世紀末から認められている——を支払うために非常に役立ち、また公権力やとくに司法にとっても、書かれたものの責任のありかを判断するのにきわめて有用であり、また司書にとって陳列棚を整頓するために有効だとしても、作者名は、おそらくある誤解の上に、さらには欺瞞の上に成り立っている。ロラン・バルトは、「作者の死」という一九六八年の論文に次のように書いている。「作者はいまだ文学史の概論書、作家の伝記、雑誌のインタビューの中に君臨しており、また日記を通して自分の人格と作品を結びつけようと腐心している文学者の意識自体を支配している。［……］作品の説明は、つねに作品を作ったものの側に求められる。あたかも、虚構の多少とも見え透いた寓意を通して、最終的にただ一人の同じ人物、すなわち作者の声が打ち明け話をするかのように。[1]」

（1）参考文献【26】。

「作者《オトゥール》」を「書き手《スクリプトゥール》」と書き換えるような一九七〇年代の珍妙なジャーゴンにまみれ、時代遅れになったバルトの分析に倣うまでもなく、こうした作者への――作者という概念への――執着は、「特異な才能」であるとか、同様の決まり文句で表されるようなものの存在をいまだに信じているような、近代的個人のナルシシズムを満たすことしかできないことを、しっかりと認めなければならない。つまり、作品はそれが発現した時代と場所の産物であるということを、どうして認めないでいられるだろうか。きわめて複雑な創作の過程において、特異な人間の痕跡が見て取れるというのは自明の理であるが、しかしそれを作品の本質とするのは絵空事《ミット》のように思われるのだ！

キーワード〈創作、起源〉

76 エルドラド（黄金郷）

コンキスタドール〔十六世紀初頭に新大陸を征服したスペイン人たち〕のまったき夢である、アメリカの地に「黄金都市」がひとつあるいは複数あるという信仰は、十六世紀にガスパール・デ・カルバハルによるアマゾン探検を活発化させたが、そこから想を得て、映画作家ヴェルナー・ヘルツォークは

『アギーレ、神の怒り』を撮影した。ところで、エルドラドとは物質主義的欲望の対象そのものであり、驚くべき理想郷のひとつの形である。なぜならエルドラドは、富の理想――近代性の純粋な撞着語法――を表明しており、それが南へ行くにも北へ行くにも、アメリカ大陸征服のための最も強力な動機であることを示すからで、そこに、より具体的には「ゴールド・ラッシュ」〔一八四九年頃、米国カリフォルニアで新しく発見された金鉱に人びとが殺到したこと〕が想起されるのである。つまり、近代の楽園は金属でできているということだ。見つけ出さねばならないのは、もはや知恵の木ではなく鉱山であり、耕すべき庭ではなく探査すべき資源なのである。

キーワード〈幸福、理想郷〉

77 イースター島

一七二二年、イースターの日にオランダの探検家ヤコブ・ロッゲフェーンによって発見された、チリ沖にあるイースター島は、たえずわれわれを驚かせて止まない。断崖にじかに穿った台の上に配置された、巨大で神秘的な像に驚かされるだけでなく、とりわけ技術的にも精神的にも、非凡な作品を作り出す能力があったと思われる文明が、突然崩壊したことが明らかな原因となって、極限の貧窮状態におちいったことにも驚かされるのである。しかし、この謎めいた彫刻を実現するために、木々やヤシが木のレールとして使われたため、それがなければ建設できたはずの漁船が犠牲となったのであり、漁船の経済的有用性は明らかであった。森は消滅し、土壌は安定性をなくし、耕された土地はこの地域に定期的にやってくる豪雨によって押し流された。島は人が住むあらゆる土地から離れたところにあるため、パスクア人たち〔島の住民のこと、パスクアはスペイン語でイースター〕は、自分たちが大事に使い維持するものの他に資源を持っていなかった。彼らは、外界には何も期待できなかったのだ。十八世紀末にクックがこの島に足を踏み入れたとき、惨事が起きた。食糧が長期にわたって不足し、パスクア人は、自分たちをこの常軌を逸した行動へと仕向けていた司祭らに敵対するようになる。内乱の時代が始まり、生き残ったものたちは殺し合う。一八七二年には、島に一一一人のパスクア人しか残っていなかった。

キーワード〈大災害、エコロジー、自然〉

78 啓蒙思想

イギリスでは十七世紀末にジ・エンライトメンツ、フランスでは次の世紀の前半にレ・リュミエール、ドイツでは総括の時期にディ・アウフクレールングとされた運動があった。啓蒙思想運動はヨーロッパ中に広がり、名高い「神灯捧持者」——ロック、ヴォルテール、カントなど——を持ち、十八世紀が持つ偉大さや新しさはすべて、啓蒙思想運動に関与しているように思われる。このように啓蒙思想は、たとえば、思想文学の勝利を確固たるものにするため、他の文学をすべて隠してしまう。こんにちどのようなバカロレア合格者が十八世紀の詩人をたった一人でも引用できるだろうか。しかしながら、「新古典主義」と呼ばれる詩がきちんと存在し、それがロマン主義の基礎を作ったのだ。だが、理性への崇拝と、進歩は必然的だという主張によって、この世紀の複雑性がすべて奪い去られてしまい、そうした複雑性は、回顧的でものごとを単純化するわれわれのものの見方によって、非常にしばしばひとつの出来事――バスチース占領――や、ひとつの作品――『カンディード』――や、ひとつの発明――ギロチン――に還元されてしまうのである。これについては、もちろん紋切り型の考えを批判することが問題なのではなく、むしろそれ自体が隠喩《メタファー》となるような時代に関心を持つことが問題なのである。啓蒙《リュミエール》という隠喩、かつて再生《ルネサンス》があったように……。

当然ながら、啓蒙思想は半陰影の部分を持っており、それをほとんど隠さない。一七二一年からすでに、モンテスキューは『ペルシア人の手紙』の中でかなり繊細にこれらの見識のある人びとの肖像を描き上げる。この見識ある人びとがこの世紀を作っていくことになるのだが、彼らはモンテスキュー作品のペルシャ人ウズベクのように、社会の鷹揚な自由化には熱狂しやすいが、私生活の面では彼らの妻を解放する必要性があることを理解できない。公では寛大で、家庭では専制的なのである。たとえば、ヴォルテールやルソーの生涯と作品にある矛盾を想起してほしい。その矛盾が語られると人びとはつねに、驚きと懐疑を感じないわけにはいかないのである。

一七八四年九月、メンデルスゾーン〔ドイツの哲学者、一七二九～八六年〕は『啓蒙するとはどういうことか』を出版し、すでに次のような危惧を表明していた。「啓蒙の濫用は、道徳感を弱らせ、頑固さ、エゴイズム、無宗教、そして無政府主義に通じる」。

キーワード〈文化、進歩〉

79 われわれの祖先、ガリア人……

この表現には魔法の力があって、子供時代と小学校で受けさせられた最初の歴史の授業を思い起こさせる。しかしながらこの表現は、十九世紀末、国土回復のために国民を糾合することが取り決められた際にでっち上げられた「国家の嘘」に基づいている。事実、共通の祖先を打ち立てることができ、そしてまたそれが、可能ならば流布させようとする価値観を示唆するものであれば、国家の統一はそれだけ容易に実現されるだろう。その土壌は第二帝政によって用意されており、第二帝政はこの考古学を推進し、一八六六年にアレジア〔ガリア軍とローマ軍の最後の激戦地〕とされる場所にウェルキンゲトリクス〔紀元前五二年のガリア人大反乱の指導者〕の像を建てさせた。そこに次の碑が記載されている。

「ひとつになったガリアは、
ただひとつの国家を形成し
同じ精神をもって
天地万物に挑みうる。」

ひとつになったガリアなどというものはかつて一度もなかったし、少なくとも指導者たちの中には，毛むくじゃらで長髪のガリア人もいなかった。ケルト人貴族たちは、ローマ人の慣例にならってひげを剃っており、彼らの髪の毛は短い！

第三共和制はこの機会に急いで飛びついた。非常に象徴的な人物であるアンリ・マルタンが『民衆のフランス史』の中で一八七五年に広めたガリアの起源という発見が、まさにフランスの国家と宗教を分離し、失われた領土の回復に国を挙げてとりかかろうとしていた政治エリートたちにとって、ちょうど都合がよかった。これらガリア人たちは、きわめて重要ないくらかの「細部」を忘れさせるのに、「タイミングがよかった」。すなわち、フランスの最初の王クローヴィスがゲルマン族の出身であることと、彼の洗礼〔キリスト教に改宗し、ローマ教会の支持を得た〕などの細部である。

キーワード〈イデオロギー、国民、プロパガンダ〉

80
賢者の石

賢者の石——万物溶化液《アルカヘスト》とも呼ばれる「第五元素」で、ガストン・バシュラールが『火の精神分析』で説明するように、錬金術という擬似科学の中枢に位置する——は、数世紀ものあいだ最も偉大な知識人たちを魅了した。

この赤くて重くて「柔らかい」石は、ニコラ・フラメル（一三三〇〜一四一八年）によって編み出された三段階の過程——黒の作業、白の作業、赤の作業——を経た後に獲得される。ニコラ・フラメルとは、突然裕福になったらしいパリの学芸保護者で、賢者の石を発見し自由に使ったとみなされている。実際にこの石は、一度触れただけで値打ちのない金属を金に変えると考えられていた。しかし、錬金術師の目的は富ではない。彼らにとって重要なのは、この石から「パナセ」と呼ばれる不老長寿の霊薬を抽出する方法を見つけることであった。

キーワード〈信念、科学〉

81 リンゴ

「これはリンゴではない」、と《かんぬき》（一七七八年）と題されたフラゴナールの絵の下方に書くべきだったかもしれない。絡み合った男女の意図を誰一人として取り違えることがないように、この絵の左側には、スツールの上にまさしくリンゴが描き加えられている。というのも、誘惑、罪、禁じられた逸楽を象徴する果実――エバがその果肉を齧ったとされる――は、リンゴではないのである。あるいはもっと洒落て言うと、禁断の果実《ラ・ポム》はリンゴ《ユヌ・ポム》ではない。

事実、ラテン語のポームムは単に「果実」を意味する。この意味において「じゃがいも《ポム・ド・テール》」を「土の果実」と、あるいは「松ぼっくり《ポム・ド・パン》」を「松の果実」と理解しなければならない。われわれがリンゴと名づけているものを表わすのに、ラテン語ではmalusという語が用いられ、この語は対格でmalum（悪）という語と混同される。これで訳し間違いの説明がつく。「リンゴを齧る」というのは「悪を齧る」よりも理にかなっていると思われる。しかし、それでは詩情がたいそう薄れてしまうのだ。つまり、楽園にリンゴの木はまったくない。単に本義と転義を混同した翻訳であり、文字に気を取られて実際は精神を欠いた翻訳なのだ。

キーワード〈果実、翻訳〉

82 バスチーユ占領

象徴の力よ！　現実には、市長《プレヴォ》ジャック・ド・フレッセルが準備したばかりのものが、市民軍に欠けていたという確認からすべてが始まる。つまり、銃に必要な火薬のことだ。五万人が廃兵院で武器をとったのに火薬がない……。どこにあるのか。最も近い貯蔵庫は限定される。それはバスチーユ、すなわちネッケル〔当時の財務大臣〕が一七八四年から壊したいと思っていた無駄で費用のかかる古い要塞である。バスチーユの司令官ローネー侯爵は、三〇人のスイス人傭兵と「守備兵」を補う八〇人の古参兵にたいし、暴動の参加者たちに攻撃を始めるよう命令を出した。約一〇〇人もの死者が出て、その続きは知られている通りである。一七八九年七月十四日の総括はというと、七人の囚人〔狂人二人、放蕩貴族一人、詐欺師四人〕の解放である。ローネー侯爵とスイス人傭兵は、群衆にリンチを加えられ、王の独裁の象徴は打ち倒された……偶発的に。

キーワード〈歴史、象徴〉

83 進歩

進歩という概念は、歴史上の人類の発展を指し示す。というのも、この語の近代的意味は、コンドルセ〔社会科学に数学を導入しようと試みた政治家、哲学者、数学者、一七四三〜九四年〕によって、一七九三年のテキスト『人間精神の進歩の歴史的概観』において、はっきり定められている。哲学者はそこで、「人類は真実と徳と幸福にいたる道を、堅固で確かな足取りで歩んでいる。」と断言している。

進歩は、啓蒙思想の精神の特徴的な概念で、歴史の意味という考え方と同様に、人間の完成可能性という考え方を含んでいる。進歩の概念は、いまや理性に照らされる者たちの絶対的な楽観主義を示している。それは「怠け者の信仰」でもある、とボードレールは書く。進歩がまったくの神話だと言えるのは、まさしくこの意味においてである。実際、生活条件が際限なく改善されていくこと、自然現象をつねにより広く支配すること、より明晰な知性、あるいはよりよい成果といったものは、何によっても保証されないのである。

意思によって、あるいは仕事によって「人は」きっと進歩する、と信じるのは、あきらかに無邪気なのだが……しかし、これは役に立つ無邪気さだ。

キーワード＜幸福、完成可能性＞

84　地球温暖化

これは「クライメートゲート〔二〇〇九年十一月にIPCC〔気候変動に関する政府間パネル〕のメンバーのメールが流出し、地球温暖化に関する不正な情報操作が疑われた事件〕」の始まりなのか。気候変化の専門家を集めた政府間グループ〔GIEC〕と「エコロジーのペテン」を暴く何某の単独科学者とを対立させるような単なる論争を超えて、温暖化は一九九八年に完了し、われわれは冷却期に置かれているようだとする考えを支持する「気候懐疑論」の萌芽が表明されるのを、今や耳にすることができる。このような表明は、当然、今から世紀末までに気温が一・一度から六・五度上昇すると予測するGIECの表明と対照をなす。二〇〇七年のノーベル平和賞（GIECとアル・ゴアが同時受賞）の発言は、もはや権威とならないのか。

地球温暖化について、二〇〇九年に開かれたコペンハーゲン・サミットとともに、国連が第一五回「締約国会議」を開催していたとき、人びとは賛否両論であった。現在確かなのは、環境問題のリスクについて、不確定の原理は予防の原理と同等の意義があり、そもそもこれらは結びついているということだ。しかしとりわけ、人びとはエコロジーが生む利益対立の局面を、今やよりはっきりと認識している。実際、真の「緑の権力」は、次のような最終的な疑念と究極の無邪気さを、地政学が一蹴すると同時に現われるのだ。つまり、化石エネルギーの大気中の燃焼が現在議論の的となっているのであり、その大消費者である中国とインドの発展を遅らせるために、あらゆる手段が許されるのではないだろうか。

キーワード＜気候、エコロジー、科学＞

85 ロンスヴォー

アインハルトがその著書『カール大帝伝』において伝えるところによると、七七八年八月十五日に、当時まだカール一世という名前だった人物の護衛が、ピレネー山脈のロンスヴォーで、バスク地方の盗賊一団によって張られた待ち伏せに遭ったのだが、犠牲者のうちにロラン伯爵というブルターニュ辺境領の長官がいた。この非事件を文学が独占し、五世紀ほど後に、エピソードにすぎなかったものを「武勲詩《シャンソン・ド・ジェスト》」に、逸話でしかなかったものを叙事詩に変える。つまり、ロランはカール大帝の甥となり、その上、彼の戴冠に二〇年ほど先駆けて、バスク人たちは東洋人と化し、勇士たちの犠牲のおかげで、皇帝はまったくの安全のうちに首都に帰ることができ、そうして感嘆すべき封建的忠誠の手本を示すことと相成った。この神話の錬金術は、小競り合いという鉛を、何よりも高価な金属となる英雄的行為に変えてしまうのだ。

キーワード〈英雄、歴史、イデオロギー〉

86　サド

サド侯爵は、サディストだったのか？　もしそうであっても、彼はそれを知らなかった。なぜなら、サディストという形容詞が現われるのは、彼が死んで二〇年後の一八三四年でしかなく、こんにち彼に結びつけられる病理は、一八八六年『性の精神病理』の中で、リヒャルト・フォン・クラフト＝エービング〔ドイツの精神科医、一八四〇～一九〇二年〕によって記述されたからである。

サド侯爵は、作家だったのだろうか。現代は肯定的に答えることを選んだ。たとえ次から次へと書かれる作品の中で同じことをくどくど繰り返すことが、間違いなくサドの小説の真の芸術的価値を制限してしまうとしても。手法が巧みではないのだ。

サド侯爵は、哲学者だったのか。カミュは彼を「形而上的」反抗の哲学者とする。「われわれの時代におけるサドの人気は、彼とその時代の感性に共通する夢によって説明できる。つまり、完全な自由の要求と、知性によって冷淡に行なわれた非人間化である。[1]」カミュは『反抗的人間』の中で、そこに二十世紀初頭の全体主義的思想の先駆を見る。「人間を実験の対象に還元することや、権力の意思と物としての人間との関係を明確にする規則や、このおぞましい実験の閉ざされた場といったものは、権力の理論家たちが、奴隷の時代を組織すべきときに再発見するだろう教訓である。」

（1）参考文献【27】。

サドの人生を見ると眩暈がする。十一年間、バスチーユと、その後にヴァンセンヌに投獄され、続いて十二年シャラントン〔精神病院があった〕で監禁されており、これらは七十五年の生涯のうち都合二十三年になるのである。

キーワード＜自由、抵抗＞

87 ヴァルミー

たった一度の砲撃だった。よく知られているように、ヴァルミーにおいて、革命軍はその砲兵隊、——明確に言うと——グリボーヴァルの砲兵隊と、発射された二〇〇発の大砲のおかげで、敵のプロイセン軍を阻止する。本格的に戦うことなく（死者はフランス側では三〇〇人、敵方では一八四人）、二万四〇〇〇人のフランス人が、一〇万人のオーストリア・プロイセン勢を後退させた。この「奇跡」の幸福感の中、一七九二年九月二十一日、勝利の翌日に、国民公会は共和国を宣言する。

この栄光の日に、そこに「見るものが何もなかった」ため、人びとは風車からヴァルミーを想像するようになる――とはいえデュムリエの命令によって、フランスの砲兵隊が戦いの初めにとり壊してしまっていた風車なのだが――。しかし、ヴァルミーの感情に訴える風車は、武装した市民が「みずからの体を呈して」侵入者に抵抗するとき、つねに国家誕生の神話に寄与するのだ。

キーワード〈歴史、イメージ、国民〉

88 ヴァンデッタ

この一〇〇の神話の中に、現実と架空の中間にあるこの人物が登場するのは挑発ではない。ほとんど不法侵入のような形で現代の出来事に入り込んだ人物で、おそらく明日になれば時代はもはや彼を必要としない。彼がここに登場するのは、劇中劇という少々安直な好みによるものでもなく、自分自身の人生という見世物の興行主になるという、今やわれわれ各自に与えられる可能性を、彼が明らかにするからである。

ミカエル・ヴァンデッタは実在しない。彼はミカエル・アドンという二十代(一九八七年十月三日生まれ)の若い男によって演じられている。彼は、こうして横柄で自己陶酔型でくだらない、かなり馬鹿な人物を演じるのだが、それはまず、彼が完璧に――しかし、誰でもやろうと思えばできるように――管理するメディアであるブログのおかげなのだ。というのも、二〇〇八年に彼のブログはプラットフォームで最も訪問客の多かったもののひとつだった。もっとも、彼にブログを提供するプラットフォーム自体に非常に多くの人が訪れていたのだが。彼はブログに自分の写真を残し、自分の「考え」やあらゆる種類の挑発などを書き残す。それ以来、彼はテレビスタジオに招かれ、必要となればスキャンダルを乗り切り、リアリティ・ショーに参加し、そこで視聴者の支持を得て、かなり無礼な口調で「本音を話す」旗手となる。ヴァンデッタの人物像には何の専門知識も、これといった芸術的才能も、面白みもない。彼は間違いの多いフランス語で話し、しばしば同じ決まり文句を繰り返す。週刊誌の表紙や（確かにテレビ番組で特集された）、そして今や「クセジュ文庫」の項目のひとつを通して、自分について語らせる以外に栄誉の肩書を持っていない。

紀元前三五六年、ヘロストラトスは有名になるために、世界の七不思議のひとつであるエフェソスのアルテミス神殿に火を放った。「ヘロストラトスの名前は、彼にとって他の何ものにも似ていないように思え、また彼自身の人格が人類全体より優れているように思えた。彼は栄光を望んでいた。(1)」サルトルは『壁』という短編集のうちの一編（『エロストラート』）で次のように言っている。人びとがいまだに放火犯の名前を覚えているとしても、誰が建築家の名前を思い出すだろうか。

（1）参考文献【28】。

こんにち、短い時間でなんらかの形の名声を手に入れるためには、人類の文化遺産として最後の傑作に着手する必要はない。「ブログを書」けるだけで充分だ。「ブログ」とは何か。この言葉はログ――英語で「薪」――の合成語であり、この木片は、水夫が潮の流れを見るために海へ投げ込むものだ。それがやがて換喩的に少しずつ意味がずれていって、「海洋日誌」を指すようになった。それ以来、そこからウェブ上においてこのような日記が、ウェブログ、「ブログ」という名をもつようになった。

キーワード〈広報、イメージ、空虚〉

89　ウェルキンゲトリクス

「われわれの歴史上、最初の英雄であるガリア人、ウェルキンゲトリクスの勇敢な防衛も虚しく、ガリアはローマ人たちによって征服された」と、十九世紀末にエルネスト・ラヴィス〔フランスの歴史学者、一八四二〜一九二二年〕は書いた。このようにして人びとは政治的発言に必要な英雄たちを作り上げる。しかし、実のところウェルキンゲトリクスとは誰だったのか。この名前が肩書きとしてつけられたのか――その場合は「たいへん偉大な戦士の王」を意味する――、あるいは固有名詞としてつけられたのか、歴史家たちは本当のところを知らない。反対に、彼がカエサルのコントゥベルナレス、「共棲仲間」すなわち同志の一人であったのは周知の事実だ。彼はローマ軍の中で、アルウェルニ族の騎兵隊の指揮さえとった。事実、彼がローマ軍の占領に反対する周りのガリア諸民族を糾合しようとしたのは、しばらく経ってから――そして日和見主義から――だったのである。しかし、そんなことは重要ではない！　政治的な宣伝は彼を必要としており、敗走のときにさえ、ガリア人ウェルキンゲトリクスは役に立つのだ。『二人の子供のフランス巡歴』（ブリュノ夫人によって書かれ、第三共和制期に使われた教科書）の数行がそれを証言する。「僕らの偉大なパリがプロイセン人によってそうされたように、アレジアはローマ人たちによって包囲されて、まもなくおそろしい飢饉に苦しむことになる[1]」。

（1）参考文献【29】。

キーワード〈英雄、国民、プロパガンダ〉

そして最後に神話は、起源を神聖化するという特徴を持つ始原の言葉となる。したがって、神話はそれを典拠とする崇拝の実践に組み込まれる。神話を作ること、あるいは神話を維持することは、「公認される」という戦略に関わるのだ。これを行なうために、人びとは図像を作成し、彫像を建て、伝説的な人物を考案する。しかし、人びとは歴史のなすがままにさせることもあり、より正確には、出来事を「馴化させ」、事実から特殊性を除去し、「大衆の記憶」の働きに任せることもある。

「集合的記憶が祖型に変化する場合、つまり歴史的で個人的な特殊性をすべて無効にしてしまう場合を除いて、集合的記憶がさまざまな歴史的な出来事や個人をとどめることができないという、民衆の記憶の非歴史的な性質は、新たな一連の問題を孕んでいる[1]［……］」

（1）参考文献【30】。

90　ビン・ラディン

アルファベット順の偶然で、この最初の項目は挑発するかのようなものとなったが、ウサマ・ビン・

ラディンという名前は、テロリズム、あるいはわれわれにとって最も堪え難い狂信だと思われるものと結びつく。それにもかかわらず、この男はまさしく崇拝を受け――今も受け続け――ており、それに関しては、少し前から新生児にたいして示唆的につけられる名前の人気が証明している。

二〇〇一年九月十一日、八時四十五分、ボストン発ロサンゼルス行きのアメリカン航空一一便は、ニューヨークのワールド・トレード・センターの北棟に激突する。その二〇分後に、二機目の航空機が南棟に到達する。この「ツイン・タワー」の倒壊は、欧米諸国にとって文字通りトラウマとなり、人びとはそこに、後に「諸文明の衝突」と呼ばれるようになるものの果てにやってくる自分たちの崩壊の予言を見る。この日、そこには三〇〇〇人以上の犠牲者、まだ助かる可能性のある人びとの救助にあたった無名の英雄たち、原子爆弾の弾着点の名称からグラウンド・ゼロと名づけられることになる瓦礫の地、ひどく傷つけられたものの、西洋モデルはけっして負けないのだという感情があった。

世界中で最も捜索されていた犯罪者のリストには、一九九九年――すなわち彼が出資者となった九月十一日のテロの二年前――から、ウサマ・ビン・ラディンの名前があった。彼はサウジアラビア人で、一九五七年に生まれ、対ソ連のアフガニスタン戦争の際に、CIAを通して公共事業を請け負った諸企業が集まる金融大国の裕福な後継者であり、それ以来、「国際的」イスラム・テロ組織であるアル・カイダの出資者、企画者、指導者となる。神話は、当然九月十一日のテロ攻撃の驚きと大胆さから生まれることになるが、同時に、とくにテロ行為による主張の形態の演出が巧緻であることや、秘密裏に失踪したことにも由来している。ビン・ラディンは一〇年来見つからないままで、最後に確認されたメッセージは二〇一〇年一月二十四日のものである〔その後ビン・ラディンは、アメリカ軍によって二〇一一年五月に殺害された〕。実際に、アメリカがアル・カイダを保護するアフガニスタン領域への報復を開始する準備を、国連を通して行なった際、きわめて迅速にいくつかの映像が流され、世界にビン・ラディンの顔が明かされた。いつも最小限ではあるが注意深く選ばれた背景——山中のテントや石の多い景色など——の中で、その男は自動火器を手に持ち、ポーズをとる。なにより驚かされるのは、鋭い眼差しを向け、「謎めいた」髭に覆われた、やせこけた彼の顔である。彼はターバンを巻き、伝統衣装を身につける。その出で立ちは、十一世紀に「山の老人」と呼ばれ、一〇八六年からテヘランの北にあるエルブール山脈のアラムートの要塞で防御線を築いていた人物——イスマイール派の長、ハッサン・イブン・アル・サバー——を復活させたいかのようである。この「老人」は、そこでフェダーイー——「自己を犠牲にする人びと」の意——を、つまり刀剣類を用いる殺人者を養成しており、フェダーイは殺人の後にはつねに自分の命を犠牲として捧げなければならなかった。彼らは当時「ハシシュを摂取する者」、「ハシシュ常用者」、もしくは「アサッシン」とも呼ばれていた。アル・サバーは自分の要塞で、このように一連の殺人劇を準備し、キリスト教国の権威者や、イスラム世界でも異教的で不実であると彼が判断する権威者を標的としていた。

二〇〇二年一月のトラ・ボラ空爆——トラ・ボラとは、アル・カイダの最後の戦闘員が閉じこもっていた洞窟の名前で、まさしくどのような逃走も不可能な袋小路であった——の後、ビン・ラディンの神話は勢いを増した。というのも、文字通りビン・ラディンが消失したからだ。メッセージは撮影されず、音声テープにのみ録音されるようになる。それは声しか聞かせない彼が、あたかも実体を失い、いわばみずからの神格化に着手しているかのようだ。それ以降、顔を見せず、整形手術のおかげであらゆる外見を得ることができたのではないかと疑われている。体も見せないため、彼はつねに生きている――永遠に生きている――かのように思われる。一方の人びとにとっては悪魔、他方の人びとにとっては復讐の精神となり、いずれの場合にも、われわれの想像世界を独占した「精神＝霊魂」である。

キーワード〈犯罪、テロリズム、暴力〉

91　ド・ゴール

ド・ゴール将軍の人物像がまぎれもなく神話的だとしたら、それはこの人物像がわれわれにとってつねに、権威と力と始まりの威光を体現しているからである。ド・ゴール将軍は最初から、神話の世界に難なく入っていく。彼の姓がそのことにいくらか関係する。確かに同音異義というのは安易だが、同音異義が伝説的な起源を示すと同時に、それだけでレジスタンスをほのめかすのだ。名前の語源である「ド・ワレ」は、古ドイツ語で「城塞」、「防護壁」を意味し、また家系図――一族の祖先はフィリップ・オーギュスト〔カペー朝第七代フランス王、フィリップ二世〕の側近だった――が、この第一印象をより確かなものにしている。

しかし当然ながらこの神話は、歴史と、フランス人の降伏拒否の原点にあったものによっておもに育まれた。首相ポール・レノーの辞任後、ド・ゴール将軍はただちにイギリスに戻り、そこから彼は数時間後の六月十八日の夜に――レノーは十六日に辞任する――「呼びかけ」を行なう。誰が聞いていようと聞いてなかろうとどうでもよく、有名ないくつかの言い回しが新しい時代の幕を開ける。「この戦争は、フランスの戦闘によって決着がつけられるのではない。この戦争は世界の戦争なのだ。［……］なにが起ころうとも、フランスのレジスタンスの炎が消えてはならないし、今後も消えることはない。」

ド・ゴールは一九四四年から一九四六年のフランス臨時政府代表となり、それから一九五九年にこの創設行為を刷新することになる。そしてその結果、共和制がもたらされる。ド・ゴール将軍の威光は、彼の創造的な力と最初の直感に由来する。歴史に戻り、日々統治する必要に駆られ――たとえとるべき決断が決定的なものだとしても――、行動に追い立てられると、この男は威厳を失う。というのも、彼は期待される手柄を持ち合わせていなかったのだ。なぜなら、おそらく神話と英雄を混同してはならないからなのである。神話にはアルカイズム――始まりと指揮――がふさわしく、英雄には積極的行動主義〔アルジェリア解放に反対した右翼行動主義が示唆されている〕がふさわしいのだ。

キーワード＜創設、英雄、歴史＞

92　人間と市民の権利の宣言

一七八九年七月十一日、ラファイエットは議会に「人間の持つ自然権宣言の草案」を提出する。その原則は七月十四日に採用され、われわれの知る宣言は、八月二十日から二十六日の会議のあいだに作成されることになる。

歴史上の出典は、もちろんアングロ・サクソンのものであり、イギリスの哲学者たち（とくにジョン・ロック）と以下のような一七七六年七月四日のアメリカ独立宣言の影響がある。「われわれは、次の真理を自明のものとみなす。すべての人間は平等に造られていること、すべての人間は譲渡できないいくつかの権利を創造主から授けられていること、これらの権利の中に、生命と、自由と、幸福の追求が含まれていること。」

フランス語のテキストの独自性は、一七九一年からそれが憲法の序文および最初の標題になったという事実に由来する。結果として、まさしくある概念――人間性に内在する権利という概念で、自然法に属する（人間の本質があるという考え方に基づいた理想的で「理論的」な法）という概念――は、実定法（実際に一定の社会を規定する規範と慣習の総体）の分野に侵入するのである。人間の権利はそれ以来優勢となる。人びとは、市民権よりも人間の権利に先行性と優位を認める。自然法が実定法を攻囲するのだ。

人間の権利という概念は、なによりもまず自然法の分野から借りた法律上の概念であり、自然法の教育はヨーロッパでは十七世紀から広まっていく。人間性から派生して、実定法と対立する永遠普遍の原理を、自然法は確立する。実定法の方は、歴史上の一定の期間、一定の社会において確立された行動規範の総体を規定する。それゆえ実定法は変化し、相対的で多様である。

ところで、宣言はなによりも政治的行為（この宣言は、哲学者ではなく政治家であるラファイエットとシェイエスに後押しされた）である。たとえそれが宣言──それによって何かを公にする──だからということにすぎなくとも、この宣言は国家全体に関わるのである。それから、この宣言は、市民の権利を人間の権利に従属させることで、それまできっぱりと分離されていた（現実と理想のように）法の二つの分野の統括を実現したため、移ろいやすい歴史から政治生活を引き離して、人間性の永続性の中にそれを根付かせようとするのである。

したがって形式としては「哲学的」で、用いられた語彙も同様である。そうすると、宣言者たちは、実は充分に個人的な利益を守るような文書に、普遍的な意味を与えるために（とくに『ドイツ・イデオロギー』の中でマルクスが表明した批判）、哲学さらには形而上学を用いたのではないか、と考えられる。これは、最も抜け目のない詭弁家に似つかわしい操作ではないのか。

実際に、人間性を知っていると誰が主張できるだろうか。人間の自然権は、ほとんど先入観にしか基づいていないのである。そもそも、フランス革命下には複数の人権宣言があり、宣言によって内容は変化している。平等は一七八九年には存在せず、一七九一年の宣言に現われ、「圧制に対する抵抗」が削除されて空白になった場所を埋める。平等は最上位に付されたが、一七九五年（共和暦三年）の宣言ではその位置を失い、自由に譲る。その上、この人間性はあまりに複雑なため、四つの特性だけではそれを定義するのに不充分なのである……。これらの権利の普遍性を疑わしいものとする論拠である。

しかしながら、相変わらず不確実な内容を超えて、これらの権利の形式が残っている、つまり、それ以降、政治家が人間を基準にして、みずからの行為を評価すべしという要求が公的になされたということである。この人間の権利は、もちろん政治的な思考を調整し、導くためのひとつの考え方――知識ではない――である。要するに人間の権利は、ひとつの見取り図を描くのであって、それによって以降、立法者が方向を見定められるようなものなのである。こうしてカントが熱烈な言葉をもって、この出来事を歓迎することになる。「人類の歴史において、このような現象はもはや決して忘れられないだろう。というのも、これは、物事の以前の流れを考察するいかなる政治家も理解することのできなかったような、進歩への傾向と進歩を実現する能力が、人間性のうちに備わっていることを明らかにするからである」。

キーワード〈宣言、自然法、個人主義〉

93 フェルマー（の定理）

ディオファントス〔古代ギリシャの数学者、三世紀頃〕の『算術』の一六二一年版、八五頁に、フェルマーは次のように書きとめている。「私はこの命題の驚くべき証明を見つけたが、余白が狭すぎて書ききれない。」そして三五〇年のあいだ、この整数論の定理は、それ以降「フェルマーの最終定理」と呼ばれ、証明されないまま過大評価され、謎めいた光に包まれており、ピエール・ド・フェルマーはある意味で無礼な態度で、その定理を確立するには「便宜」を欠いていると断言する。「私の証明を書きとめるにはあまりに便宜を欠くので、真実を発見したこと、そして時間のあるときにそれを証明する術を知っていることに甘んじておこう。[1]」

（1）参考文献【31】。

数世紀のあいだ、フェルマーとその定理は、数学的才能の謎を――さらにはただ単に才能の謎を――具現することになり、この定理の純然たる不意の出現は、証明がないことによってより堅固なものになる。ずいぶん遅くになってから、一九九四年に、アンドリュー・ワイルズという数学者が、当時推測にすぎなかったものを証明するに至るのだが、それは十七世紀には知られていなかった技法によるものであった。謎は残ったままなのである。

キーワード〈才能、科学〉

94

サッカー

FIFA（国際サッカー連盟）によると、世界中に二億七〇〇〇万人のプレーヤーがいて、三〇万のクラブがあるが、とりわけ二〇一〇年のワールドカップのあいだには、二一三か国にわたって二〇億人、つまり人類の三分の一のテレビ観戦者がいると予想された。サッカーは、クリスチアン・ブロンベルジュのよく知られた言い回しによると、「世界で最も真剣な取るに足らないこと《バガテル》[1]」であるかもしれない、と考えられている。

（1）参考文献【32】。

サッカーは、おそらく十二世紀のノルマンディーで、「スール」あるいは「シュール」という名前で出現し、すぐさまイギリスへ輸出され、そこで当時は「ハーリング・オーヴァー・カントリー」と呼ばれていた。これは粗暴な団体競技で、ルールらしいものはないが、ある地点から他の地点に革製のボールを運んでいくことを中心に編成された競技である。ルールはずいぶん後になってから、十九世紀にケンブリッジで作られ、最初のクラブとなるシェフィールド・フットボール・クラブが誕生するには、一八五七年まで待たねばならない。

こんにち、こうした崇拝をどのように説明するか。というのも、崇拝という言葉は言い過ぎではないのである。サッカーに対する熱狂はきわめて大きく、経済的、政治的な問題点があまりに複雑なため、このスポーツは、非常に多くの国家や大衆を同じひとつの情熱の中に集めて、まさしく神話的なものとなった。したがってサッカーは、社会階層を越え、何世紀もかけて構築された国際関係の序列を覆し、歴史に関与するのである。ルールの単純さ、どこでも——とりわけ町の中で——できるという簡単さ、基礎投資の廉価性、そして何よりサッカーの遊戯性によって、この人気が約束されている。というのも、これはスポーツである以上に、ゲームなのだ。「スポーツの王以上のもの、サッカーはゲームの王である」とジロドゥーは書いている。[1] しかし、これはまたはけ口でもあり、現代がエネルギーの解放のために残したカタルシスの場でもあって、このエネルギーには最も激しい欲求不満から生じたものも含まれる。そしてこの現象は最近始まったことではない、というのも、すでにロンドン市長は一三一四年に、この競技の実践を禁止している。曰く、「サッカー競技が引き起こしたある騒ぎが原因で、われわれは王の名において、今後、市内でこのような競技が実践されることを禁止し、違反者は禁固刑に処す」と。

（1） 参考文献【33】。

しかし、こんにち、サッカーの影響がこれほどまでに重要になったのは、おそらくあらゆる形の衝突を制限し、解消し、糾弾しようとする現在の政治状況において、サッカーが本当の意味での「気晴らし」となっているからでもあるだろう。サッカーは、国際的な敵対関係を構築し、平和のうちに国家への愛着、さらには町への愛着――ダービーマッチ〔隣接する町のチームで行なわれる地元の試合〕――を抱くことを可能にする。効果が逆転し、サッカーが征服の精神の訓練となるのでなければ。たとえば一八九二年のピエール・ド・クーベルタンの、次のようなあからさまな熱狂を忘れてはならないだろう。「私はあなたがたに、アメリカ大陸を発見し、トンキンを植民地化し、トンブクトゥを占領する野心をもっていただきたい。サッカーはこうしたもののすべての序章なのだ[1]」。

（1） 参考文献【34】。

キーワード〈遊戯、国民、スポーツ〉

95 ギィ・モケ

一九四一年十月二十二日に十七歳で死んだギィ・モケは、シャトーブリアンの野営地で銃殺された者のなかで最も若かった。陸軍中佐カール・ホッツというロワール下流域のドイツ占領軍責任者が命を失った襲撃が原因で、取り締まりのために有罪判決を下される。長期にわたる投獄と司法上の誤解の末に、彼は処刑されるのだが、これらのことによって、彼の死はその後悲しい巡り会わせの産物にされてしまう。ギィ・モケは、一九四〇年十月に密告によって逮捕されていた。彼は共産主義の活動家で、ビラ配りに参加していたからである。裁判にかけられ、その若さに免じて無罪判決を受ける。しかし、彼は拘禁されたままで、ドイツとの取引条件を満たすために、フランス軍当局によって作成された人質のリストに載せられる。刑執行の日、彼は家族に一通の手紙を残したのだが、そこには次の言葉を読むことができる。「確かに僕は生きたかったが、心の底から僕が望むことは、僕の死が何かの役に立つことだ」。この願いは、予測されていた以上にきちんと叶えられることになる。

というのも、フランス共産党はこの若い殉教者の人物像を独占するのである。たとえ独ソ不可侵条約の牽制を保障するためだけだとしても、そもそもこの条約はギィ・モケの逮捕の際には解消されていない。その上、彼のビラは対独レジスタンスを呼びかけていない。というのも、共産党は一九四〇年六月になって初めて対独レジスタンスに加入するのだ。ギィ・モケは若い共産党員の偶像となるのだが、若い共産党員のもうひとつの顔は、ファビアンというペンネームでより知られている、ピエール・ジョルジュという二十四歳のフランス国内兵の大佐であろう。

間違いなく潔白な犠牲者ギィ・モケ、ドイツ軍によるフランス占領期におけるその行動と影響は無に等しかったが、ある通り、ある大通り、ある広場が称える固有名詞のリスト〔フランスでは通りや広場の名前に人名がつけられることが多い〕に、彼の名前がとどまることはできただろう。とはいえ歴史がその作業を終えれば、名称が変わることはあるのだが。十月二十二日という刑執行の日を記念祭にするということは、政治的意思に期待してのことではなかった。当選の第一日目から、フランス共和国大統領ニコラ・サルコジは、次のように宣言した。「フランスに命をささげた十七歳の若者、これは過去の模範ではなく未来の模範である」。

この日、教育機関において「手紙」の朗読がなされ、対独レジスタンスにおける若者の役割について考えるよう枠組みが拡大されて、国内教育関係公務員にたいしてこの朗読を組織すべしという義務が呼びかけられる。

おそらく愛国心に欠ける高校生たちを、市民の価値というものに立ち戻らせようという意図や配慮はよく分かる。しかし、ギィ・モケは本当に模範たりうるのか。彼を崇拝の対象にしようとする態度は、集団的記憶を維持することのあいまいさをむしろ明らかにしている。

キーワード＜青少年、記憶、国民＞

96 ジャンヌ・ダルク

ジャンヌ・ダルクの短い生涯は、本義においても転義においてもまさに崇拝の種となるのに充分な要件であった。というのも、一九二〇年に、「軍服議会《シャンブル・ブルー・オリゾン》」〔国民連合によって実現された政治改革の結果生まれたフランス下院議会で、旧出征軍人が多くを占めていたことからこう呼ばれた〕が五月一日をジャンヌ・ダルクの祭日として定め、ヴァチカンが「オルレアンの乙女」〔ジャンヌはオルレアンの兵士を鼓舞してイングランド軍の包囲から町を救った〕を列聖したからである。ロレーヌ地方に住む一介の農民の娘は、王であるシャルル七世による権力の確保を可能にし、イギリスの占領者に対する闘争を体現したのである。ジャンヌ・ダルクは司教や政治家たちから聖化される前に、一八七五年、パリのピラミッド広場に像を建てられ、一八四一年の歴史書でもすでに記念碑化されていた。ジュール・ミシュレが『フランス史』の中で以下のように書いている。「フランス人たちよ、ずっと覚えておこう。われわれの祖国は一人の女性の心と、優しさと、涙と、彼女がわれわれのために流した血から生まれたのだということを。」

キーワード〈歴史、国民〉

97 モナリザ

フィレンツェの女性、モナ・リザ・デル・ジョコンドの肖像のことなのか。一五〇三年から一五〇六年のあいだにレオナルド・ダヴィンチによって描かれたこの絵が表す人物を、確定するのは難しい。レオナルド・ダヴィンチはこの絵を決して手放さず、フランソワ一世につきしたがってフォンテーヌブローに持って行った。謎はまさしく現実のものである。おそらく、「幸福な」や「晴朗な」を意味するジョコンドという語の言葉遊びに基づいているだけなのだろう。したがって、この眼差しと、もしそれが本当に微笑みであるならば――絵画の歴史において微笑みが初めて描かれたと言われている――、微笑みによって強調される晴朗さの寓意を、そこに見出さねばならない。いずれにしても、この絵はまったくもって謎めいている。ルーヴル美術館の象徴であり、《女官たち》〔ベラスケス作、プラド美術館所蔵》や《ゲルニカ》［ピカソ作、ソフィア王妃芸術センター所蔵］、《草上の昼食》［マネ作、オルセー美術館所蔵］、あるいは《世界の起源》［クールベ作、オルセー美術館所蔵］と同様に、崇拝される作品である。

一九一一年八月にこの絵が盗まれ、ピカソとアポリネールに疑惑がかかったとき――真犯人はイタリア人のガラス職人で、絵は一九一三年十二月にイタリアで発見された――、人びとは強盗が残した空間を「見る」ためだけにやって来た。彼らは《モナリザ》の空っぽの跡地を見学していたのだ。

しかし、この顔の秘密はおそらくほかの点にある。もしかするとそれは、過去の秘宝の現代性は必然的に時間とともに逃げ去ってしまうもので、その秘宝とわれわれをつねにへだてている距離を思い起こさせる、この女性のぼんやりした雰囲気、芸術作品における寓意にあるのだろうか。謎は、この靄のかかったような効果、すなわちスフマート〔イタリア語で「消えかかった」の意、透明な層を上塗りして深みを出す絵画技法〕の中に解明されるべきなのか。モナリザの体は、十六世紀の妊娠した女性が身につけているような薄地のベールに包まれているということが、レーザーのおかげで読み取れる。

まだ誰もモナリザの秘密を知らず、絵の観者のみが予感するに過ぎない。モナリザはある「おめでた」いことを待っており、そして彼女が醸し出す晴朗な印象が、開花した母性を思い起こさせるのである。

キーワード〈芸術、謎、現代性〉

98 ジョニー

ジャン＝フィリップ・スメという人物は、デビュー当初はアメリカ人アーティストとして紹介されたジョニー・アリデイの背後に隠れ、今度はジョニー・アリデイが単なる「ジョニー」に席を譲る。しかし、五〇年のキャリア、世界一〇億枚のアルバム売り上げと、一〇〇〇曲以上の収録曲、四〇枚の金賞、二一枚のプラチナ賞をとったレコードといった業績があるものの、だからといってそれらは彼を「神話」にするのに充分なのか、これは束の間の伝説だったのか。

彼の健康状態が事件になるほどまでに、またあらゆる年齢層、あらゆる職業の「ファン」が彼のコンサートに何度も集結し、結局のところ彼のレパートリーのうち、少なくとも二、三曲を知らない者はいないほどにまで、「ジョニー」は何かを体現するに至ったということだ。なぜ二〇〇九年七月十四日の無料コンサートに七〇万人以上の観客を集めるのがジョニーなのか。

ジョニーが体現するのは、おそらく忍耐力と持続性であろう——ただしフランスだけにおいて、というのは、彼は外国ではほとんど知られていないからなのだが——。彼は一九六〇年代の「イェイェ」以降、あらゆる流行を経験しており、ヒット曲を書く作曲家にとって通過儀礼となった（ジョニーのために曲を書くことは、認知度が高いという印そのものなのだ）。彼はすべての時代を取り入れ、その過激さに耐えて生き延びてきた。要するに、反マリリン、反ジェームズ・ディーンであり、フランス歌謡と現代の「ピープル」〔いわゆる「スター」のこと〕のミトリダテス〔毒殺を恐れ、日常的に毒薬を服用して耐性をつけていたため不死身とされた〕のようなものである。ジョニーはわれわれに夢を見させる。なぜなら、一九七〇年代の古びたヒット曲を果てしなくリサイクルし続けるすべての彼の同年輩とは違って、ジョニーはよりよく「周遊旅行を楽しむ」〔旅を主題にした同名のルポルタージュ番組がある〕ために、老いは存在せず、懐古は幸福の薬ではないと信じさせるからである。

キーワード＜懐古、老年＞

99 サンタクロース

三四五年に現在のアナトリアで死去したミラ〔小アジアのリキヤ地方の町〕の聖ニコラウスは、生徒、大学生、教師、肉屋の保護者である。怪物のような肉屋によってむごたらしく虐殺された三人の不幸な子供を生き返らせたのだが、その肉屋が伝説では「鞭打ちじいさん」〔サンタクロースのお供をして、悪い子供を鞭で懲らしめる人物〕となる。これがサンタクロースの起源であり、とりわけ神話的な人物像なのだが、彼は年に一度、空から降りて来て子供にたくさんのプレゼントを与える。サンタ・クロースと呼ばれるが、それ以前にすでにケルト人のガルガン〔後のガルガンチュア〕やオーディン〔北欧神話の最高神〕も、子供を喜ばせて褒美を与える役割を担っていた。しかし、このサンタクロースとともに、伝統の流れの中で混交が起こり、たとえば、東方の三博士のエピソードと結びついて、この子供のための祭日が行なわれたが、起源は当然異教的なものである。

サンタクロースの名声は普遍的で、彼にまつわるすべてのことがらはたいそう肯定的なものでしかありえない。サンタクロースを独占使用したいという誘惑は、結果として、われわれの消費社会において非常に大きなものとなったのは確実で、そのような社会では、子供たちが格好の購買層であることが徐々に明らかになってきている。だからといって、誤った情報を伝播し続けて良いのだろうか。いや、一九三一年に髭の好々爺に赤い服を強要したのはコカコーラではない。一八九六年にはすでに、ウォーターマン〔アメリカで始まり現在はフランスの万年筆会社〕という企業が現在われわれが知っている衣裳を考案し、サンタクロースは緑色の服を捨てて、このまばゆい赤を身につけた。一九一九年にミシュラン〔フランスのタイヤ会社〕が、一九二〇年にコルゲート〔アメリカの歯磨き粉会社〕が同じ衣裳を引き継いだ。いずれにしても、こんにちのサンタクロースが商業社会に接触して、当初の神聖さをひどく失ったことは確かである。

キーワード＜子供、宣伝＞

100 自由の女神像

マンハッタンの南、ハドソン川の入り口に位置するリバティ・アイランドで、「世界を照らす自由の女神」がヨーロッパから新たに到着した人を迎える。まさしくアメリカの象徴である自由の女神像は、誇りを持って新しい人生を約束し、新しい価値を宣言する。自由の女神像は、一八八六年に、独立宣言の百周年を祝うためにフランスから贈られた。この像は、トーガ〔古代ローマの衣服〕を着け、七つの突出部（七大陸を象徴している）のある冠をかぶった女性で、左手に板を持っており、そこには「一七七六年七月四日」と読むことができる。右手にはトーチを振りかざし、その使用法は像の名前が説明する通りである。顔は東、出身である東方《オリエント》のヨーロッパに向いている。高さ四六・五メートル、重さ二〇〇トン。基礎には、最終的に青銅の板がはめ込まれ、そこには意味深げに『新しい巨像《ザ・ニュー・コロッサス》』と題されたエマ・ラザルスの詩の最後の句が刻まれている。

「私に与えなさい、おまえの貧しい人びとを、おまえの疲れ果てた人びとを、
彼らは窮屈に横に並んで、自由に生きることを切望している
海岸にあふれる屑たち、
彼らを私のところに送りなさい、嵐が運んでくる不遇な人びとを。
私は自分の光で、黄金の扉を照らす。」

実際、ロードス島の巨像──世界の七不思議のうちの六番目で、右手で挨拶をする太陽神ヘリオスを表す──から影響を受けて、バルトルディ、ヴィオレ＝ル＝デュック、ギュスターヴ・エッフェルが現代の光源を新たに定義しなおそうとした。自由の女神像は新世界にとって、より力強く──ロードス島の巨像よりも一〇メートル高い──より寛容なすばらしい太陽となるだろう。

自由の女神像の寓意は、今ではアメリカ大陸を表現しており──そもそもヨーロッパ人の移民が

最初に目にしたのは自由の女神である——、折よく合衆国を自由にむすびつけた——アメリカの南北戦争は、奴隷制廃止を保障してほぼ終わったばかりであった——。しかし、状況のいたずらで、一八八六年十月二十八日の落成式の日に、自由の女神像に関係した新語が登場し、予期せぬ方法でこの企画をしぼませた。というのも、この日、招待者には記念品としてミニチュアの女神像が配布された。このミニ女神像は「ガジェ・ゴーチエ」という会社によって作成されたのだが、そのとき、女神像を製造者の名前ガジェを用いて換喩で指し示すという習慣が付き、これを英語で「ガジェット」と発音していたのである！〔フランス語でガジェットと言えば、実用性に乏しい飾り物を指す〕

キーワード〈自由、象徴〉

訳者あとがき

本書は、Éric Cobast, *Les 100 mythes de la culture générale* (Coll. « Que sais-je? » n°3880, PUF, Paris, 2010) の全訳である。フランスおよび西洋の文化と歴史、そして部分的には現代社会を理解するのに必要な一〇〇項目の人物名、概念、事項、出来事を「伝説」、「寓話」、「作中人物」、「うわさ」、「崇拝」の五章に分類して解説した便利な啓蒙書である。この数年、クセジュ文庫で増えてきた「一〇〇語……」シリーズの一冊として刊行されたもので、フランスでもこのような書物への需要が高まっていることをよく示している。

著者エリック・コバストは、グランド・ゼコール準備校と国立司法学院の教授を務めている。すでにクセジュ文庫で、『一般教養一〇〇語』(*Les 100 mots de la culture générale*, 2010) と『一般教養一〇〇の年代』(*Les 100 dates de la culture générale*, 2009) の二冊を上梓しており、研究者というより、良質の啓蒙的著作の書き手という位置づけである。

本書のタイトルの一部になっている「神話」という言葉について、いくらか注釈が必要だろう。現代日本語では、この神話という言葉がいくつかの意味をまとっている。まず原義としては、民族や、国家や、社会の起源を説明するものとして伝えられてきた伝説や物語をさす。記紀神話、ギリシア神話などがこれにあたる。第二に、実在した人物が英雄視されて、あるいは神格化されて、人びとのあいだで高い人気や威信を得た状態を示す。義経神話などがこれに相当する。そして第三に、はっきりした理由もなしに、人びとが絶対的な価値と意義を付与してきた現象やイデオロギーが、神話という名で呼ばれることがある。土地神話や、民主主義の神話などがそこに含まれるだろう。

本書の区分で言えば、第一の意味には第一章「伝説」が、第二、第三の意味には第四章「うわさ」と第五章「崇拝」の多くの項目が対応している。第二章「寓話」では、「洞窟の寓意」や「永劫回帰」など哲学的、人類学的に含意の豊かな項目が並ぶ。そして第三章「作中人物」では、西洋の文学、映画、アニメを代表する有名な作中人物が項目として立てられている。第二章、第三章で提示されているような意味での神話は、わが国ではかならずしも一般的な使い方ではないが、著者コバストの意図は明瞭で紛れがなく、章の構成としてきわめて分かりやすい。

本書のタイトルのもうひとつの構成要素は、「教養」である。この教養という語は、現代日本でかならずしも評判が良くない。教養は、ないよりはあるほうが好ましいに違いないのだが、なくても生活に困らない。教養を誇示することは嫌われるし、教養主義という言葉にはある種の胡散臭さがまとわりついていて、そんなものはすでに崩壊したと主張する論者もいる。

とはいえ、文化や歴史を、そして現代社会を正しく理解するために広い意味での教養が必要なことは、否定できない。絵画、文学、映画などのテーマは過去のさまざまな伝説や神話に依拠し、時にはそれを問接的にリライトしている。最新の映像技術を用いた作品でも、内容としては古い伝説を再解釈したり、伝統的な物語の構図を踏襲しているものが多かったりする。たとえばハリウッド製のスペクタクル映画がしばしばそうで、したがって西洋の神話と伝説を知っていれば、より深く楽しく鑑賞できるだろう。さらに現代世界が直面している多様な問題を論じる際にも、歴史や、思想や、イデオロギーについての知識と教養は有効になってくる。

より卑近なレベルで言うならば、われわれ訳者二人は、ともに大学でフランス語を教え、同時にフランスの文学、歴史、文化について講義する立場にある。対象である学生たちは中学・高校で世界史をそれなりに学んでくるが（それなりにというのは、学生によってその学習の密度にはかなりの濃淡があるから）、西洋の歴史と文化一般についてはやむをえないこととはいえ、知識は断片的なものにとどまる。そのような学生たちにフランスや、より広く西洋の文化と歴史を語るに際して、受講する学生の側にも一定の教養が共有されているほうが、お互いに好都合である。本書はそのような意味で、西洋文化のなんらかの領域に関心を抱き、それを学ぼうと思っている人たちに最適の本であろう。

身につけるべき一般教養は、時代によって、社会によって、そして生活圏によって異なる。たとえば明治の日本人と平成の日本人では、一般教養の内容もあり方も同じではない。現代の日本人とフランス人でも、一般教養の構図はかなり異なる。本書はフランス人が、おもにフランスの読者を想定して、フランス語で著わした本だから、どうしてもフランスの文化、芸術、歴史に力点が置かれているが、フランス文化は西洋文化の重要な一部である。したがって本書によって読者は、フランスのみならず西洋文化全体の基盤を形成するものを学ぶことができるだろう。

本書は基本的に、現代人（とりわけ若い読者層）が身につけてほしい、あるいは身につけるべき一般教養の解説を意図して書かれた著作である。そして今やフランスでも、こうした書物が刊行される社会的ニーズが強いのだということに、訳者としてはいくらかの驚きを感じる。フランスでも、たとえば学生が獲得する知識や教養の中味がかつてと較べておおきく変化したことを、示しているからだ。

第三章「作中人物」には、タルチュフやラスティニャックが立項されている。モリエールとバルザックの作品に登場するこの二人の有名な人物は、一昔前であれば、フランス人にとって教養ではなく常識の範疇だったろう。フランスではどのような分野に進むにしろ、中学・高校のフランス語の授業（日本で言えば「国語」の授業）で、生徒たちは自分の国の古典的作家の作品を部分的に読まされる。教科書のページ数も、内容の密度も、日本の国語教科書とは比較にならないほどの充実ぶりである。そのフランスでも、タルチュフやラスティニャックがこの種の本で解説されるというのは、いかにも時代の流れを露呈しているように思われる。


翻訳作業は、まず岩下が訳稿を作成し、小倉が全体にわたって目を通して加筆・修正をほどこし、さらに岩下が細部にわたって調整した。著者に問い合わせて確認したうえで、誤記を訂正した箇所がある。また読者の理解に資するよう、〔　〕の中で訳注を加えた。文学作品、哲学書などの引用箇所については、既訳のあるものは適宜参照しながら、訳者があらためて独自に訳した。この場を借りて、既訳書の訳者の方々に謝意を表する次第である。本書の最後に付した「参考文献」には、原著の脚注であげられている出典をまとめた。原著にはごく簡単な索引がついているが、邦訳では不要と判断して割愛し、その代わりにアイウエオ順の項目一覧を付した。

最後に、白水社編集部の浦田滋子さんにたいへんお世話になった。記してお礼申し上げる。

二〇一二年九月

小倉孝誠・岩下綾

参考文献

（原注による引用文献）

【1】Roland Barthes, *Mythologies*, Paris, Le Seuil, 1957.（ロラン・バルト『現代社会の神話』，下澤和義（訳），みすず書房，2005 年，他）．

【2】Mircea Eliade, *Mythes, rêves et mystères*, Paris, Gallimard, coll. « Folio », 1989.（ミルチャ・エリアーデ『神話と夢想と秘儀』，岡三郎（訳），国文社，1972 年）．

【3】Georg W. Hegel, « Préface », *Principes de la philosophie de droit*, Paris, Flammarion, coll. 1999.（ゲオルク・ヴィルヘルム・フリードリヒ・ヘーゲル『法の哲学』，藤野渉／赤沢正敏（訳），中公クラシックス，2001 年，他）．

【4】Galilée, *L'Essayeur* (1623), Paris, Les Belles-Lettres, 1979.（ガリレイ『偽金鑑識官』，山田慶兒／谷泰（訳），『世界の名著　ガリレオ』所収，中公クラシックス，2009 年）．

【5】Friedrich Nietzsche, *Ainsi parlait Zarathoustra*, Paris, Gallimard, 1947.（ニーチェ『ツァラトゥストラはこう言った』，氷上英廣（訳），岩波文庫，1967—1970 年，他）．

【6】Gaston Bachelard, *La Psychanalyse du feu*, Paris, Gallimard, 1949.（ガストン・バシュラール『火の精神分析』，前田耕作（訳），せりか書房，1999 年）．

【7】Tite-Live, *Histoire romaine*, Paris, Flammarion, coll. « GF », 1999.（リーウィウス『ローマ建国史』，鈴木一州（訳），岩波文庫，2007 年，他）．

【8】Apollodore, *Bibliothèque*, III, 5, 8.（アポロドルス『ギリシャ神話』，高津春繁（訳），岩波文庫，1978 年，他）．

【9】Platon, *Phèdre*, Paris, Flammarion, 1992.（プラトン『パイドロス』，藤沢令夫（訳），岩波文庫，1967 年）．

【10】Baruch Spinoza, *Pensées métaphysiques*, Paris, Flammarion, 1964.（バールーフ・デ・スピノザ『デカルトの哲学原理 附形而上学的思索』，畠中尚志（訳），岩波文庫，1989 年）．

【11】Jean de Léry, *Histoire d'un voyage en la terre du Brésil*, chap. XV, Paris, Librairie générale française, 1994.（ジャン・ド・レリー『ブラジル旅行記』，二宮敬（訳），《大航海時代叢書二－二〇　フランスとアメリカ大陸 二》岩波書店，1987 年）．

【12】Montaigne, *Essais*, I, 3, « Des cannibales », Paris, Gallimard, coll. « Folio », 2009.（モンテーニュ『エセー』，宮下志朗（訳），白水社，2007 年，他）．

【13】Platon, *La République*, Paris, Garnier, 1966.（プラトン『国家』，（上下），藤沢令夫（訳），岩波文庫，1979 年，他）．

【14】Platon, *Le Banquet*, Paris, Flammarion, coll. « GF », 1999.（プラトン『饗宴』，久保勉（訳），岩波文庫，2008 年，他）．

【15】Robert Nozick, *Anarchie, utopie et État*, Paris, PUF, 2003.（ロバート・ノージック『アナーキー•国家•ユートピア』，島津格（訳），木鐸社，1992 年）.
【16】Henri Michaux, « Notre frère Charlie », in *Œuvres complètes*, t. 1, Paris, Gallimard, coll. « La Pléiade », 1998.
【17】Pierre Larousse, *Grande Encyclopédie*, Paris, Larousse, 1867.
【18】Søren Kierkegaard, *Ou bien… ou bien…*, Paris, Gallimard, coll. « Tel », 1984.（キルケゴール『あれか、これか』，浅井真男／志波一富（訳），『キルケゴール著作集』所収，河出書房，1963 年）.
【19】Michel Foucault, *Les Mots et les Choses*, Paris, Gallimard, 1966.（ミシェル•フーコー『言葉と物』，渡辺一民／佐々木明（訳），新潮社，2000 年）.
【20】Littré, *Dictionnaire de la langue française*.
【21】Catulle Mendès, « La Charité », *Contes épiques*, Paris, 1884.
【22】Émile Zola, *Nana*, Paris, Gallimard, coll. « folio », 2002.（エミール•ゾラ『ナナ』，川口篤／古賀昭一（訳），新潮文庫，1956 年，他）.
【23】Honoré de Balzac, *Le Père Goriot*, Paris, Pocket, 1998.（バルザック『ゴリオ爺さん』，平岡篤頼（訳），新潮文庫，1972 年，他）.
【24】Platon, *Timée*, Paris, Flammarion, coll. « GF », 1999.（プラトン『ティマイオス』，種山恭子／田之頭安彦（訳），『プラトン全集』第一二巻，岩波書店，1975 年，他）.
【25】Madame de Lafayette, *La Princesse de Clève*, « Du libraire au lecteur », Paris, Flammarion, coll. « GF », 2009.（ラファイエット夫人『クレーヴの奥方』，生島遼一（訳），新潮文庫，他）.
【26】Roland Barthes, « La mort de l'auteur » (1968), in *Le Bruissement de la langue*, Paris, Le Seuil, coll. « Points essais », 1984.（ロラン•バルト「作者の死」，花輪光（訳），『言語のざわめき』所収，みすず書房，1987 年）.
【27】Albert Camus, *L'Homme révolté*, Paris Gallimard, coll. « Folio essais », 1985.（アルベール•カミュ『反抗的人間』，佐藤朔／高畠正明（訳），『カミュ全集』所収，1973 年）.
【28】Marcel Schwob, *Vies imaginaires*, Paris, Bibliothèque Charpentier, 1896.
【29】Augustine Fouillé [G. Bruno], *Le Tour de la France par deux enfants*, Paris, Belin, 2000.
【30】Mircea Eliade, *Le Mythe de l'éternel retour. Archétypes et répétition*, Paris, Gallimard, coll. « Les Essais », 1949.（ミルチャ•エリアーデ『永遠回帰の神話：祖型と反復』，堀一郎（訳），未來社，1963 年）.
【31】Pierre de Fermat, « Lettre au père Mersenne », in Bernard Rochot, *Correspondance scientifique du père Mersenne*, Paris, Palais de la Découverte, 1966.
【32】Christian Bromberger, *Football, la bagatelle la plus sérieuse du monde*, Paris, Bayard, 1998.
【33】Jean Giraudoux, *Gloire du football*, Paris, Aubier-Montaigne, 1933.
【34】Pierre de Coubertin, *Les Sports athlétiques*, Paris, 1892.

訳者略歴
小倉孝誠（おぐら・こうせい）
一九五六年生まれ
一九八七年　パリ第Ⅳ大学文学博士
一九八八年　東京大学大学院博士課程中退
現在、慶應義塾大学文学部教授
専門は近代フランスの文学と文化史
主要著訳書
『感情教育』歴史・パリ・恋愛』（みすず書房）
『身体の文化史』（中央公論新社）
コルバン『音の風景』（藤原書店）
フローベール『紋切型辞典』（岩波文庫）

岩下綾（いわした・あや）
一九七九年生まれ
二〇一〇年　パリ第Ⅳ大学文学博士
二〇一〇年　慶應義塾大学博士課程中退
現在、慶應義塾大学法学部専任講師
専門は十六世紀フランス文学、フランソワ・ラブレー
主要訳書
アニエス・イズリーヌ『ダンスは国家と踊る』（共訳、慶應義塾大学出版会）

100の神話で身につく一般教養

二〇一二年一〇月一〇日印刷
二〇一二年一〇月三〇日発行

訳　者 ©　小　倉　孝　誠
　　　　　岩　下　　　綾
発行者　及　川　直　志
印刷所　株式会社　平河工業社
発行所　株式会社　白　水　社

東京都千代田区神田小川町三の二四
電話　営業部〇三（三二九一）七八一一
　　　編集部〇三（三二九一）七八二一
振替　〇〇一九〇―五―三三二二八
郵便番号一〇一―〇〇五二
http://www.hakusuisha.co.jp
乱丁・落丁本は、送料小社負担にてお取り替えいたします。

製本：平河工業社
ISBN978-4-560-50973-9
Printed in Japan

文庫クセジュ

哲学・心理学・宗教

13 実存主義
25 マルクス主義
114 プロテスタントの歴史
193 哲学入門
199 秘密結社
228 言語と思考
252 神秘主義
326 プラトン
342 ギリシアの神託
355 インドの哲学
362 ヨーロッパ中世の哲学
368 原始キリスト教
374 現象学
400 ユダヤ思想
415 新約聖書
417 デカルトと合理主義
444 旧約聖書
459 現代フランスの哲学
461 新しい児童心理学
468 構造主義
474 無神論
480 キリスト教図像学
487 ソクラテス以前の哲学
499 カント哲学
500 マルクス以後のマルクス主義
510 ギリシアの政治思想
519 発生的認識論
525 錬金術
535 占星術
542 ヘーゲル哲学
546 異端審問
558 伝説の国
576 キリスト教思想
592 秘儀伝授
594 ヨーガ
607 東方正教会
625 異端カタリ派
680 ドイツ哲学史
704 トマス哲学入門
708 死海写本
722 薔薇十字団
733 死後の世界
738 医の倫理
739 心霊主義
742 ベルクソン
749 ショーペンハウアー
751 ことばの心理学
754 パスカルの哲学
762 キルケゴール
763 エゾテリスム思想
764 認知神経心理学
768 ニーチェ
773 エピステモロジー
778 フリーメーソン
780 超心理学
789 ロシア・ソヴィエト哲学史
793 フランス宗教史
802 ミシェル・フーコー
807 ドイツ古典哲学

文庫クセジュ

835 セネカ
848 マニ教
851 芸術哲学入門
854 子どもの絵の心理学入門
862 ソフィスト列伝
866 透視術
874 コミュニケーションの美学
880 芸術療法入門
881 聖パウロ
891 科学哲学
892 新約聖書入門
900 サルトル
905 キリスト教シンボル事典
909 カトリシスムとは何か
910 宗教社会学入門
914 子どものコミュニケーション障害
927 スピノザ入門
931 フェティシズム
941 コーラン
944 哲学
954 性倒錯
956 西洋哲学史
958 笑い
960 カンギレム
961 喪の悲しみ
968 プラトンの哲学

文庫クセジュ

歴史・地理・民族(俗)学

文庫クセジュ

文庫クセジュ

語学・文学